POR QUE
NÃO SOMOS
RACIONAIS

C834p   Cosenza, Ramon M.
        Por que não somos racionais : um cérebro antiquado num extraordinário mundo novo / Ramon M. Cosenza. – 2. ed. – Porto Alegre : Artmed, 2023.
        xii, 155 p. : il. ; 23 cm.

        ISBN 978-65-5882-122-9

        1. Psicologia cognitiva. I. Título

CDU 159.92

Catalogação na publicação: Karin Lorien Menoncin – CRB 10/2147

RAMON M. COSENZA

POR QUE NÃO SOMOS RACIONAIS

UM CÉREBRO ANTIQUADO NUM EXTRAORDINÁRIO MUNDO NOVO

2ª EDIÇÃO

artmed

Porto Alegre
2023

© Grupo A Educação S.A., 2023.

Gerente editorial: *Letícia Bispo de Lima*

Colaboraram nesta edição:

Coordenadora editorial: *Cláudia Bittencourt*

Editor: *Lucas Reis Gonçalves*

Capa: *Paola Manica | Brand&Book*

Preparação de originais: *Gabriela Dal Bosco Sitta*

Leitura final: *Luísa Branchi Araújo*

Editoração e projeto gráfico: *TIPOS – design editorial e fotografia*

Reservados todos os direitos de publicação ao
GRUPO A EDUCAÇÃO S.A.
(Artmed é um selo editorial do GRUPO A EDUCAÇÃO S.A.)
Rua Ernesto Alves, 150 – Bairro Floresta
90220-190 – Porto Alegre – RS
Fone: (51) 3027-7000

SAC 0800 703 3444 – www.grupoa.com.br

É proibida a duplicação ou reprodução deste volume, no todo ou em parte, sob quaisquer formas ou por quaisquer meios (eletrônico, mecânico, gravação, fotocópia, distribuição na Web e outros), sem permissão expressa da Editora.

IMPRESSO NO BRASIL
PRINTED IN BRAZIL

AUTOR

Ramon M. Cosenza é médico, doutor em ciências e professor aposentado do Instituto de Ciências Biológicas da Universidade Federal de Minas Gerais.

Para Ana.

Um livro nunca pode ser considerado obra de um único autor.
Para completá-lo é preciso o esforço conjunto de muita gente,
que contribui anonimamente nas suas várias etapas de criação.
Por isso, registramos aqui nossos agradecimentos a todas
as pessoas que participaram desse trabalho.

SUMÁRIO

	INTRODUÇÃO	1
1	LAPSOS COGNITIVOS: FRUTOS DA EVOLUÇÃO (IMPERFEITA) DO CÉREBRO E DE SUAS FUNÇÕES	5
2	A MENTE EM DOBRO: DOIS TIPOS DE COGNIÇÃO	19
3	CAINDO NA REDE: AS ILUSÕES COGNITIVAS	31
4	ASSIM É, SE LHE PARECE: OS "APLICATIVOS" CEREBRAIS	43
5	CONFLITO DE PROCESSAMENTOS: A BATALHA DA FORÇA DE VONTADE	59
6	APRENDER É PRECISO: PROBABILIDADE, CAUSALIDADE E LÓGICA	69

7	AS DECISÕES EMOCIONAIS	91
8	NEUROECONOMIA: CONHECENDO OS CIRCUITOS DO DECIDIR	99
9	PROCESSAMENTOS CONSCIENTE E NÃO CONSCIENTE: EXISTE MESMO O LIVRE-ARBÍTRIO?	117
10	CONSEQUÊNCIAS E O QUE PODE SER FEITO	131
	REFERÊNCIAS	141
	ÍNDICE	153

INTRODUÇÃO

> O homem é um animal racional. Pelo menos, foi isso o que nos disseram. Ao longo de uma longa vida, tenho procurado evidências em favor dessa afirmação. Até agora, não tive a sorte de encontrá-las.
>
> **Bertrand Russell**

Nós, seres humanos, consideramos nossa racionalidade um atributo muito importante. Não à toa demos à nossa espécie o nome de *Homo sapiens*. Em nossa cultura, ao menos desde Aristóteles (384-322 a.C.), temos como certo que possuímos o dom da racionalidade. Aristóteles considerava que os seres humanos eram racionais no sentido de serem portadores de uma capacidade que faltava aos outros animais, os quais seriam, então, irracionais. Continuamos acreditando nisso ao longo do tempo: ideias similares aparecem, por exemplo, em Descartes (1596-1650) e nos pensadores do Iluminismo.

Mas hoje sabemos que a nossa capacidade de raciocínio é limitada. Embora sejamos capazes de examinar múltiplas alternativas e chegar a conclusões importantes para o nosso cotidiano, esse processo é deficiente e contaminado por muitas limitações, decorrentes, em última análise, do modo como funciona o nosso cérebro. O avanço do conhecimento nas neurociências, nas ciências cognitivas e mesmo nas ciências econômicas tem tornado isso evidente. Por sua vez, o mundo tecnológico em que vivemos tem desafiado o funcionamento do cérebro humano, deixando cada vez mais visíveis suas falhas e limitações.

A racionalidade, de um ponto de vista instrumental, pode ser definida como uma faculdade a ser aplicada para que o indivíduo atinja seus objetivos. Ela seleciona o comportamento que leva à obtenção daquilo que é mais desejado, tendo-se em conta os recursos disponíveis. Portanto, uma ação racional é aquela que, num determinado contexto, leva à melhor consecução dos objetivos do indivíduo.

Do ponto de vista das ciências cognitivas, o pensamento racional se opõe à irracionalidade, que pode ser observada em diferentes gradações, dependendo de quanto o pensamento ou comportamento se afasta da norma da racionalidade. Uma ação (ou pensamento) irracional pode ser deliberada, mas leva a uma conclusão que não é a melhor, considerando-se as informações e o tempo disponíveis. E o fato é que nós, humanos, nem sempre somos racionais: embora tenhamos dificuldade de admitir essa realidade, nossos pensamentos ou comportamentos nem sempre conduzem ao melhor propósito.

No decorrer dos capítulos deste livro, veremos que nosso cérebro, apesar de dispor de mais recursos do que os das outras espécies animais, está longe de ser perfeito. Isso parece ocorrer porque o processo da evolução biológica não se preocupa em produzir o melhor, e sim em selecionar o mais bem adaptado às condições existentes. Por conta disso, nossa capacidade cognitiva, embora tenha nos proporcionado muitas conquistas — como podemos concluir observando o mundo ao nosso redor —, apresenta problemas decorrentes do funcionamento cerebral, um produto resultante da evolução. Este é um grande desafio que enfrentamos hoje: criamos um mundo altamente tecnológico, muito diferente do ambiente no qual nosso cérebro se desenvolveu, e, nesse contexto, o cérebro primitivo que possuímos nem sempre funciona a contento, o que tem se acentuado cada vez mais.

A psicologia propõe que consideremos a existência de dois tipos diferentes de processamento cognitivo, os quais atuam em todos os momentos, de forma cooperativa ou competitiva, e determinam o aparecimento não só de escolhas e decisões acertadas, mas também de falhas e desvios da racionalidade. Ao longo de seus capítulos, cujo conteúdo resumiremos a seguir, este livro se propõe a examinar com mais detalhes essa proposição e suas relações com a neuropsicologia.

No **Capítulo 1**, são discutidas as origens evolutivas do cérebro e de suas funções, que ocasionaram o desenvolvimento de múltiplos sistemas de aprendizagem e de tomada de decisão em nosso processamento neural. Entender como nosso cérebro funciona pode nos ajudar a compreender muitos dos lapsos cognitivos que serão abordados mais adiante.

No **Capítulo 2**, tratamos especificamente do duplo processamento cognitivo em nosso cérebro, apresentando suas características, seu funcionamento e, ainda, algumas das consequências de sua utilização.

No **Capítulo 3**, discorremos sobre alguns vieses cognitivos que têm origem na maneira como se organiza a informação em nosso cérebro. Nele, são listados fenômenos como os da disponibilidade, da ancoragem, do enquadramento e do viés de confirmação, todos decorrentes do uso acrítico de um processamento associativo na cognição.

O **Capítulo 4** aborda o fato de que existem no cérebro módulos funcionais que apareceram ao longo da evolução para resolver problemas recorrentes de forma rápida e eficiente. Embora eles sejam competentes na maior parte do tempo, podem contribuir para escolhas e decisões que se afastam da racionalidade.

No **Capítulo 5**, é explicitado o modo como nossos pensamentos e nossas ações são controlados por dois tipos de processamento cognitivo competitivos, que geram, frequentemente, o conflito e o fracasso da chamada força de vontade.

Ao longo do **Capítulo 6**, verificamos que no mundo moderno, dominado pela tecnologia e pelo pensamento científico, a racionalidade exige a aquisição de alguns conhecimentos e habilidades, como os relativos à teoria da probabilidade, às relações de causa e efeito e ao pensamento lógico. Eles precisam ser aprendidos e são essenciais para navegar com segurança e tomar decisões acertadas em um ambiente muito diferente daquele em que ocorreu a evolução do nosso cérebro.

No **Capítulo 7**, examinamos como a estreita relação entre a razão e a emoção influencia nossas decisões. Em nossa cultura, esses processos costumam ser considerados antagônicos: a emoção é tida como inimiga da racionalidade. Contudo, como veremos, as emoções são importantes para nossa sobrevivência cotidiana e podem ser adaptativas, contribuindo para boas decisões.

Na sequência, no **Capítulo 8**, direcionamos nosso foco para o conhecimento neurobiológico, isto é, para as estruturas e circuitos nervosos envolvidos nas tomadas de decisão. É o que se chama de neuroeconomia. Procuramos traduzir de forma simples algumas informações que podem parecer complexas para muitas pessoas. De qualquer modo, os que não estiverem interessados nesse conhecimento podem omitir a leitura desse capítulo sem grande prejuízo para a apreensão do conjunto.

No **Capítulo 9**, procuramos mostrar com mais clareza a diferenciação entre os processamentos consciente e não consciente, bem como algumas consequências do conceito de livre-arbítrio. Procuramos também sistematizar algumas informações explicitadas ao longo dos outros capítulos que são importantes para compreender como o cérebro coordena nossas escolhas e decisões.

Por fim, no **Capítulo 10**, analisamos algumas consequências do conhecimento tratado nos capítulos precedentes, principalmente considerando o mundo de alto desenvolvimento tecnocientífico em que vivemos atualmente. Nesse capítulo, também apresentamos sugestões do que pode ser feito para aprimorar nossa capacidade de fazer escolhas e tomar decisões mais acertadas.

Esperamos que, ao término da leitura, o leitor tenha a sensação de que foi satisfatória a decisão de dedicar um pouco de seu tempo a percorrer estas páginas.

LAPSOS COGNITIVOS:
FRUTOS DA EVOLUÇÃO (IMPERFEITA) DO CÉREBRO E DE SUAS FUNÇÕES

> A seleção natural funciona como um remendão – um remendão que não sabe exatamente o que vai produzir, mas que usa tudo ao seu dispor para fazer algum tipo de objeto viável.
>
> **François Jacob**

A espécie humana dispõe de um cérebro privilegiado em relação ao dos outros animais. Com ele somos capazes de planejar e de raciocinar criticamente e, com seus recursos, fomos capazes de desenvolver, por meio da linguagem verbal, uma forma de comunicação muito eficiente, que impulsionou a produção e a transmissão do conhecimento através das gerações, permitindo a construção da sociedade tecnológica em que vivemos. Mas, apesar desse sucesso evidente, temos de reconhecer que nosso cérebro é um dispositivo imperfeito, insuficiente em muitos aspectos do seu funcionamento cotidiano – sem falar nos problemas que podem decorrer de suas disfunções. Nossos processos mentais são um produto do funcionamento desse cérebro, e nós acreditamos que são eles que nos fazem seres racionais com consciência e controle permanentes dos nossos atos.

Como procuraremos demonstrar ao longo dos capítulos que se seguem, isso não é bem verdade, o que, aliás, tem ficado patente em muitos acontecimentos da história recente que evidenciam a falta de racionalidade no mundo que nos cerca. Contudo, para que seja possível compreender por que nosso cérebro não corresponde ao que acreditamos, ou seja, para compreendermos a razão de muitas de suas falhas, precisamos nos dedicar a conhecer um pouco da evolução filogenética do nosso sistema nervoso, do ponto de vista tanto da sua estrutura quanto das suas funções.

A principal função do sistema nervoso é permitir a interação do organismo com o meio ambiente, de modo a permitir que o primeiro sobreviva e se reproduza, garantindo a preservação da espécie. Ao longo da evolução animal, o que se observa é o aparecimento de um aparato nervoso cada vez mais sofisticado e capaz de uma interação mais complexa com o ambiente. No caso dos vertebrados, as células nervosas, os neurônios, concentram-se em um sistema nervoso central, cuja porção mais anterior, situada dentro do crânio, vai se tornando progressivamente maior, num processo que chamamos de encefalização. Nesses cérebros mais volumosos, os neurônios não só são mais numerosos, mas também vão formando novas comunicações, originando circuitos nervosos cada vez mais aprimorados. Esse aumento da complexidade estrutural permite o aparecimento de novas funções, não existentes nos organismos mais simples. O cérebro humano, por exemplo, possui capacidades como a linguagem verbal, a autoconsciência e o raciocínio matemático, que não encontram paralelo em outros animais.

Essas novas competências permitem uma interação mais eficiente com o meio ambiente, aprimorando a capacidade de sobrevivência do indivíduo e da espécie. O processo evolutivo atua selecionando e mantendo as características ou os mecanismos que no passado se revelaram vantajosos em determinadas circunstâncias; ao mesmo tempo, admite novas aquisições que, curiosamente, não decorrem de um planejamento minucioso dos atributos que poderiam funcionar de maneira mais eficiente nas mesmas circunstâncias. Isto é, ao longo da evolução, surgem novas estruturas ao mesmo tempo que vão sendo modificadas e aproveitadas as estruturas já existentes, originando novas condições que podem funcionar bem, mas que nem sempre são as melhores possíveis. Informalmente, poderíamos dizer que vão sendo feitas "gambiarras" ao longo do processo. Por isso, o biólogo e neurocientista britânico Francis Crick (1916-2004) costumava brincar afirmando que "Deus não é um engenheiro, Deus é um improvisador".*

---

* No original: "God is not an engineer, God is a hacker".

Um bom exemplo do que acabamos de afirmar ocorre com nossa coluna vertebral, uma estrutura aproveitada daquela que já existia nos outros primatas, não concebida para sustentar um animal com postura ereta. Na prática, ela funciona, mas dá origem a uma série de problemas, como podem testemunhar muitos dos que sofrem cotidianamente de dores lombares. Outro exemplo é a construção de nossa retina: as células receptoras da luz ficam situadas na camada mais posterior do olho, obrigando os raios luminosos a atravessar uma série de estruturas interpostas no caminho, o que diminui, é claro, a sua eficiência.

No caso do cérebro, verifica-se que, da mesma forma, o desenvolvimento evolutivo foi acrescentando, ao longo do tempo, novas estruturas, superpondo-as às estruturas preexistentes que exerciam uma função semelhante. A visão, por exemplo, no cérebro das aves e répteis, é processada por uma região mais primitiva (mesencéfalo), mas, com o surgimento dos mamíferos, o processamento visual passou a ser executado pelo córtex cerebral, uma estrutura que surgiu posteriormente, em um cérebro mais "moderno". Na espécie humana, o mesencéfalo não tem mais função na percepção visual consciente, mas continua a receber informações da retina e é importante para localizar os objetos no espaço. Convivem então, no mesmo cérebro, estruturas mais antigas e outras que apareceram mais tarde, compartilhando aspectos das funções com as quais estão relacionadas.

Geralmente, as estruturas mais recentes são mais complexas e acrescentam novas capacidades às mais antigas. Mas as antigas funções, muitas vezes preservadas, costumam interagir com as novas, embora sejam, com frequência, controladas por elas. As decisões que tomamos no cotidiano decorrem de processos que se dão no nosso cérebro e estão sujeitas a esse fenômeno que acabamos de descrever. Acreditamos que as nossas decisões são sempre conscientes e adequadas, mas boa parte do processamento mental ocorre de forma autônoma e não consciente, a partir do funcionamento de recursos mais antigos de nosso sistema nervoso. Vamos examinar, então, alguns desses processos que influenciam nosso comportamento fazendo com que ele nem sempre seja adequado.

Em animais mais primitivos, a maior parte do comportamento é fixa e estereotipada: as respostas aos estímulos ambientais são determinadas por circuitos nervosos construídos por instrução genética, que não se alteram ao longo da vida. Um sapo, por exemplo, alimenta-se por meio de um reflexo nervoso: insetos que cruzam o seu campo visual dão início a uma estimulação na retina, que provoca uma resposta de lançamento da língua do animal àquele ponto específico do espaço, permitindo a captura do alimento. Esse mecanismo é programado e vem "embutido" no cérebro do sapo, não admitindo modificações posteriores. A "decisão" de lançar a língua para se alimentar é inata e totalmente automática. É simplesmente um reflexo, semelhante àquele que ocorre com a constrição da nossa pupila quando ela é estimulada por um raio luminoso.

Para interagir de forma mais eficiente com o ambiente, o sistema nervoso dos animais desenvolveu uma nova capacidade: a de aprender, cada vez mais, com a experiência. Dessa maneira, o comportamento pode se modificar e tornar-se mais adaptativo. A aprendizagem, do ponto de vista neurobiológico, envolve basicamente a formação de novas conexões entre os neurônios, por meio do que chamamos de neuroplasticidade: em determinados momentos, os neurônios que disparam juntos vão fortalecendo suas conexões ou formando novas ligações com outras células, de maneira que os circuitos formados por eles se tornam mais efetivos. Isso permite um desempenho melhor de determinadas ações e leva, além disso, ao aparecimento de novas capacidades e condutas. A aprendizagem pode então determinar as escolhas e decisões tomadas em cada circunstância, levando em conta a experiência anterior. É por isso que ela tem um valor fundamental na sobrevivência dos seres vivos.

Quando consideramos o desenvolvimento evolutivo dos animais, notamos que algumas formas de aprendizagem já estavam presentes em seres bastante primitivos, enquanto outras aparecem posteriormente, quando o sistema nervoso se tornou mais complexo. Um tipo de aprendizagem muito antigo ocorre por associação entre estímulos ambientais e é conhecido como condicionamento clássico ou pavloviano – por ter sido descrito originalmente pelo neurofisiólogo russo Ivan Pavlov (1849-1936). Nessa condição, o sistema nervoso aprende a associar um novo estímulo ou sinal a outro estímulo com o qual ele já estava acostumado, ou ao qual estava programado geneticamente para reagir.

Pavlov apresentava aos cães de seu laboratório um estímulo sonoro e, em seguida, introduzia um naco de carne na boca desses animais. O estímulo sonoro normalmente não provoca salivação, mas o cérebro dos cães (aliás, como o nosso) promove a secreção de saliva quando um alimento é detectado no interior da boca. Ocorre que, depois de algumas associações, os animais passavam a salivar quando ouviam o estímulo sonoro. O cérebro deles havia associado os dois estímulos e aprendido que o alimento viria em seguida ao som – e que, portanto, era hora de ativar as glândulas salivares. É possível que os cães de Pavlov pudessem sentir também algum tipo de prazer antecipado ao ouvir o estímulo que anunciava a saciação da sua fome.

Hoje sabemos que essa forma de aprendizagem – o condicionamento clássico – está presente tanto em invertebrados, como lesmas ou caramujos, que têm um sistema nervoso bastante simples, quanto em cérebros bem mais sofisticados, como o que possuímos. Por meio desse condicionamento, podemos associar respostas programadas ao longo da evolução para atuar em processos básicos (como a alimentação, a reprodução e as emoções fundamentais) com novos estímulos e situações que ocorrem nas experiências diárias de cada um de nós. Geralmente não percebemos o quanto aprendemos ou temos nosso comportamento modificado por associações desse tipo, porque tudo se passa sem que os nossos processos conscientes precisem entrar em ação.

Mas os profissionais da propaganda e do *marketing* utilizam muito bem esse mecanismo quando associam, por exemplo, fotos ou vídeos de mulheres atraentes a marcas de bebidas ou de automóveis, o que é um procedimento bastante persuasivo, embora passe despercebido aos nossos processos conscientes. Na verdade, a simples visão de logomarcas como as da Coca-Cola ou do McDonald's pode, por associação, levar a uma sensação de sede ou fome, motivando o consumo dos produtos dessas marcas. Nesse caso, observamos o aparecimento de decisões que ocorrem de forma autônoma, originando condutas que podem se contrapor a outra decisão anterior tomada de modo consciente. Isso acontece, por exemplo, quando bebemos impulsivamente um refrigerante que havíamos decidido evitar para manter uma alimentação saudável.

Outra forma de aprendizagem primitiva é o chamado condicionamento operante ou instrumental, que ocorre quando determinado comportamento é influenciado imediatamente por um evento agradável ou desagradável. Quando o comportamento em questão é seguido por um evento agradável, ele costuma repetir-se e até aumentar de frequência. Quando é seguido por um evento desagradável, ocorre o efeito contrário. Os estímulos agradáveis são gratificações ou recompensas e são chamados de "reforços positivos do comportamento" em questão, pois promovem a sua continuidade e o aumento da sua frequência. Os estímulos desagradáveis são reforços negativos ou punições e levam à diminuição, ou desaparecimento, do comportamento correspondente. Aliás, a ausência de gratificações também pode ser eficaz para o desaparecimento do comportamento.

Esse condicionamento é outro exemplo de uma forma antiga de aprendizagem que se manteve nos animais mais complexos, como a nossa espécie. Mais uma vez, o processamento consciente não precisa estar envolvido, mas a ação do condicionamento se faz sentir quando adquirimos, sem pensar, hábitos como o de seguir determinada rota para o trabalho (porque é mais agradável ou tem menos trânsito) ou o de usar sistematicamente determinada marca de um produto que nos agradou. Essa forma de aprendizagem e tomada de decisão pode ser importante, por exemplo, na manutenção de vínculos ou no distanciamento das pessoas com quem interagimos, ou ainda na relação com nossos animais de estimação. Ela também pode ser a origem de comportamentos supersticiosos, como usar certa peça de roupa ou cor quando nosso time joga porque ele venceu nas ocasiões em que isso foi feito anteriormente.[*] Apesar de termos a impressão de que as decisões tomadas nessa forma de condicionamento são conscientes, na verdade o comportamento surge de modo automático e só pode ser inibido quando prestamos a ele uma atenção efetiva.

Ao mesmo tempo, é claro, somos capazes de aprender de forma mais sofisticada, possuímos uma memória consciente de nossas experiências e usualmente temos a sensação de que podemos controlar voluntariamente o nosso comportamento e a nossa aprendizagem cotidiana. Acreditamos que temos livre-arbítrio e que tomamos nossas decisões sempre de forma consciente, com base no nosso conhecimento pregresso ou nas experiências registradas em nossa memória consciente.

O registro consciente das nossas experiências é feito por meio de um tipo de memória que chamamos de memória explícita ou declarativa, uma vez que podemos descrever essas experiências. Essa aprendizagem, como todas as outras, ocorre por alterações nas conexões entre as células nervosas, e isso nos permite acumular informações e relacioná-las, de modo que sejam úteis ao longo de toda a vida. Se a evolução fosse capaz de planejar um sistema de armazenamento dessas informações, é provável que teria usado algo semelhante aos arquivos das bibliotecas ou dos computadores, com pastas e fichas organizadas por assunto e, possivelmente, por ordem alfabética. Mas não é desse modo que o cérebro sistematiza a informação.

---

[*] Esse tipo de condicionamento é que nos leva a consultar de forma impulsiva nossos celulares, várias vezes por dia, em busca de uma estimulação agradável, como um vídeo ou uma mensagem nas redes sociais.

O cérebro organiza a informação por associações: um objeto, evento ou característica vai se associando a outros, às vezes por similaridade, às vezes por contiguidade de ocorrência, de modo que podemos imaginar a formação de "redes semânticas", em que cada item constitui um nó e está ligado a muitos outros nós, conforme as experiências anteriores. A imagem ou o conceito "gato", por exemplo, pode estar ligada a outros nós, como "rato", "cachorro" ou "poste". Cada um desses nós, por sua vez, está ligado a outros: "rato" pode estar ligado a "queijo", "Mickey Mouse" ou "esgoto"; "cachorro", a "osso", "amigo" ou "olfato"; "poste" pode lembrar "luz", "fios" ou "cachorro" (de novo) e assim sucessivamente.

Quando um desses conceitos, ou nós, é ativado em nossa consciência – ou simplesmente percebido por um dos nossos sentidos –, uma estimulação que se espalha ao longo da rede. Se vemos um gato ou escutamos um som associado a ele, aumenta a probabilidade de nos lembrarmos de ratos ou cachorros. Esses itens se tornam mais "disponíveis" para o cérebro processar, de forma consciente ou não. Dependendo do contexto, de nossas necessidades ou por livre associação, podemos navegar nessa rede, encontrando os outros nós que fazem sentido ou de que precisamos no momento.

Quando falamos em memória, esse é o tipo que nos vem à mente. Essas associações sucessivas não parecem ser a maneira mais eficiente de armazenar a informação, mas provavelmente derivam do fato de que o cérebro dos animais recebe as informações de forma simultânea ou sucessiva, em uma continuidade temporal. É importante, então, fazer associações, que devem ser registradas a fim de garantir a sobrevivência no dia a dia. Determinadas imagens, sons ou locais devem ser associados com perigo; certos aromas, cores ou texturas indicam alimento ou a presença de um parceiro sexual e assim por diante. Os animais desprovidos de linguagem já têm uma memória que se organiza dessa forma, embora não possuam o tipo de consciência que se desenvolveu na nossa espécie. No entanto, essa forma de aprendizagem manteve-se e ampliou-se depois da aquisição da linguagem pela espécie humana e tem se mostrado eficaz, pois somos capazes de aprender de modo contínuo e de nos lembrar rapidamente de um número assombroso de informações, que aumenta a cada dia na época em que vivemos.

Por outro lado, o fato de que aprendemos e nos lembramos por meio de ligações, como em uma rede, ocasiona um grande número de problemas cognitivos, de que iremos tratar nos capítulos subsequentes. Quando não prestamos atenção efetiva, quando não controlamos a "navegação" por essas redes, elas podem nos levar a falhas no raciocínio ou escolhas inconsistentes e determinar ações ou comportamentos autônomos e inadequados. Nesses casos, estamos funcionando e nos movimentando cognitivamente conduzidos por uma espécie de piloto automático, e ele pode nos levar a destinos que não são os mais satisfatórios.

Se a memória de que temos consciência é chamada de "memória explícita", existem, por outro lado, muitas formas de aprendizagem que constituem memórias implícitas, que não passam pelo controle consciente. Os condicionamentos, de que falamos anteriormente, são um exemplo delas. Outro exemplo é a memória sensório-motora, que chamamos de memória de procedimentos. É ela que nos permite adquirir habilidades e realizar ações como andar de bicicleta, tocar um instrumento musical ou dirigir um automóvel de forma praticamente automática. Esse tipo de aprendizagem ocorre, como sempre, pela alteração das conexões em circuitos nervosos e geralmente melhora com a prática ou a repetição. Contudo, o conhecimento tende a ficar restrito a determinados circuitos e não se organiza em redes como no caso da memória explícita. Esse tipo de aprendizagem, é claro, também não é exclusivo da espécie humana – nem envolve, necessariamente, os processos conscientes.

Há ainda um outro tipo de aprendizagem implícita muito importante no funcionamento cognitivo cotidiano: ela é conhecida pelo nome de "pré-ativação" (*priming*, ou "preparação"). Essa aprendizagem se refere ao aumento da habilidade de detectar ou responder a um estímulo associado a outro estímulo apresentado anteriormente – mesmo de maneira subliminar (ou não consciente). A apresentação do primeiro estímulo torna-o mais disponível para o processamento cognitivo, por isso ele pode ser acessado mais rápida e facilmente nas redes semânticas em comparação com outros estímulos que não foram apresentados antes. Além disso, como já foi dito, o item pré-ativado pode estimular outros nós que estão próximos a ele nas redes da memória. Por exemplo, a percepção de uma bola ou sua representação não somente facilita o reconhecimento de bolas no ambiente ou da palavra "bola" em uma lista de palavras, mas provavelmente facilitará também o reconhecimento de itens relacionados, como esporte, futebol e arena.

Deve-se notar que a pré-ativação não evoca somente memórias: ela também consegue desencadear emoções relacionadas a essas memórias e pode originar atitudes ou ações comportamentais sem que percebamos sua motivação.

Experimentos realizados na Universidade de Nova York nos anos 1990 ilustram bem o fenômeno da pré-ativação. Num desses experimentos, solicitava-se a estudantes que construíssem sentenças com as palavras de uma lista e dizia-

-se a eles que essa atividade integrava uma pesquisa de habilidade linguística. Alguns sujeitos recebiam listas com uma grande ocorrência de palavras relacionadas com a descortesia, enquanto para outros a grande ocorrência era de palavras relacionadas com a gentileza. Logo após a conclusão dessa tarefa, os estudantes eram submetidos a uma situação que consistia na verdadeira experiência. Nela, eles eram levados a esperar a conclusão de uma conversa entre o experimentador e outra pessoa. Verificou-se que aqueles pré-ativados com a descortesia geralmente interrompiam a conversa sem esperar muito tempo. O contrário acontecia com aqueles pré-ativados com a gentileza.

Em outro experimento, muitas das palavras para a construção das sentenças eram relacionadas com a velhice e com o estereótipo do idoso (velho, solitário, teimoso, conservador, etc.). Um grupo de controle recebia palavras sem relação com a velhice. Após a conclusão da tarefa, os estudantes eram dispensados e tinham que caminhar até o *hall* do elevador, e os pesquisadores mediam o tempo que eles levavam para isso. Essa era a parte realmente experimental da pesquisa. Verificou-se que os pré-ativados com as ideias ou estereótipos relacionados com a velhice movimentavam-se mais lentamente e gastavam muito mais tempo para terminar o percurso, imitando uma característica dos indivíduos idosos, para a qual haviam sido pré-ativados.

É importante notar que os sujeitos desses experimentos não tinham consciência de que seu comportamento estava sendo influenciado por aqueles estímulos. Eles negavam essa influência quando questionados. Aliás, pode-se afirmar que esses comportamentos automáticos não são inibidos de modo voluntário exatamente porque o estímulo influenciador não é percebido, ou porque a atenção necessária para percebê-los não é mobilizada, como veremos mais tarde.

Na área da mercadologia, um experimento interessante foi realizado por pesquisadores ingleses. Nele, eram oferecidos em uma loja, lado a lado, vinhos franceses e alemães de características e qualidade equivalentes. Música ambiente, francesa ou alemã, era tocada em dias alternados. Observou-se que nos dias em que a música francesa era ouvida, vendiam-se muito mais vinhos franceses, e acontecia o contrário quando a música alemã estava no ar. Tudo indica que a música tinha um efeito de pré-ativação que influenciava a escolha dos produtos. Contudo, quando inquiridos, apenas cerca de 10% dos sujeitos envolvidos admitiram que a música poderia ter interferido em sua preferência.

Outros estudos, realizados em muitos laboratórios, demostraram fenômenos semelhantes. Descobriu-se, por exemplo, que o simples ato de dirigir o pensamento para determinado comportamento aumenta a tendência de que ele ocorra: é o que se chama de efeito ideomotor. Pode-se afirmar que pensar em um comportamento tem um efeito de pré-ativação sobre ele, facilitando o seu aparecimento.

Acontece também o efeito inverso, ou seja, a ocorrência de um comportamento, ainda que involuntário, pode influenciar a forma de pensar e as disposições emocionais das pessoas. Um bom exemplo pode ser encontrado em um estudo de pesquisadores da Universidade de Illinois, nos Estados Unidos. O estudo consistia em solicitar que indivíduos realizassem várias tarefas enquanto mantinham um lápis estabilizado em sua boca de duas maneiras diferentes. Na primeira, o lápis estava em posição transversal e, na segunda, em posição longitudinal, com a ponta para frente. No primeiro caso, os músculos utilizados reproduziam o que ocorre quando sorrimos e, no segundo caso, a musculatura da face se franzia, de forma semelhante ao que acontece quando estamos preocupados ou contrariados. Uma das tarefas – a que realmente interessava na pesquisa – consistia em avaliar desenhos humorísticos, classificando-os em uma escala como mais ou menos engraçados. Os pesquisadores observaram que os desenhos eram considerados mais engraçados quando os músculos associados com o sorriso estavam ativados e considerados menos cômicos quando essa musculatura estava inibida.

A verdade é que o nosso cérebro processa continuamente uma grande quantidade de informações que se apresentam no cotidiano sem a intervenção da consciência. Se o processamento não consciente é a regra e não a exceção em nossa cognição, é porque, como veremos mais tarde, isso parece ser mais econômico do ponto de vista dos recursos energéticos necessários. O fenômeno da consciência surgiu tardiamente no processo evolutivo e, como ela envolve gastos energéticos consideráveis, seu uso costuma ser um luxo reservado para situações especiais. O processamento não consciente influencia de forma contínua nossos pensamentos e ações conscientes, mas não nos damos conta de sua importância, exatamente porque não temos acesso a ele.

Cabe lembrar aqui que a psicanálise, ao longo do século passado, se propunha a estudar os processos inconscientes, mas com uma visão completamente diferente da adotada hoje pela psicologia cognitiva. O inconsciente psicodinâmico da psicanálise não tem qualquer relação com o inconsciente cognitivo, do qual estamos tratando. Este último é decorrente do simples processamento de informações, que acontece sem o conhecimento e o controle conscientes. No inconsciente cognitivo, incluem-se processos inatos (encravados nos circuitos do sistema nervoso), condicionamentos (adquiridos sem passar pela consciência) ou hábitos, que uma vez dependeram da consciência, mas, com repetição constante, tornaram-se automáticos.

Podemos ter um vislumbre de como ocorre o processamento automático em nosso cérebro por meio das chamadas ilusões de óptica, que nos mostram como os processos conscientes podem ser enganados, mesmo quando sabemos da sua imprecisão. Tomemos como exemplo a ilusão de Ebbinghaus.

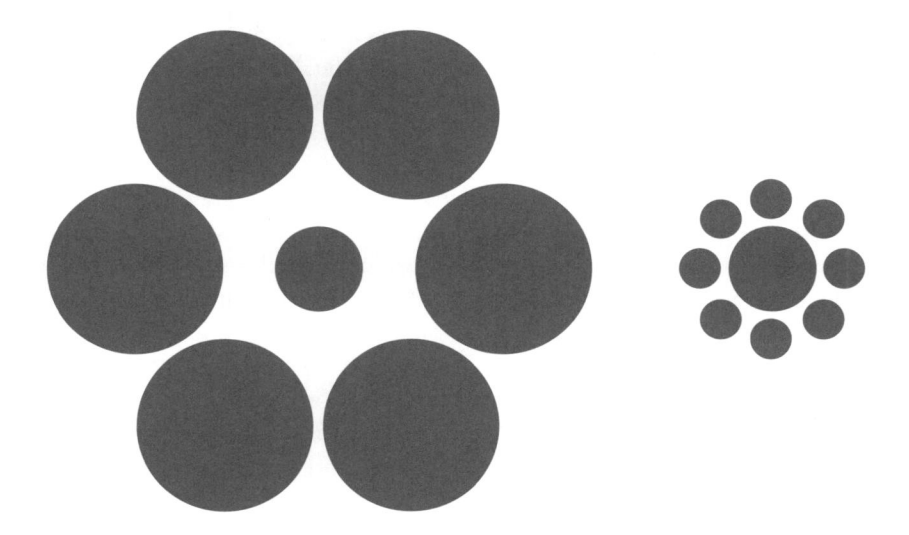

Ao observarmos os dois círculos centrais, temos a nítida impressão de que o da direita é muito maior. Contudo, eles têm rigorosamente o mesmo tamanho: a diferença que percebemos decorre do contexto em que estão inseridos. O mais interessante é que, mesmo depois de sabermos que são idênticos, ou mesmo depois de medirmos os dois círculos, a ilusão permanece, pois continuamos a enxergá-los como diferentes. O processamento consciente não consegue modificar o processamento automático que determina a percepção.

Outra ilusão ilustrativa é o triângulo de Kanizsa, que vemos a seguir.

Nessa figura, percebemos o contorno de um triângulo branco superposto a três discos escuros. Mas, se examinarmos cuidadosamente a figura, veremos que o que atinge os nossos receptores visuais é a representação de três discos pretos incompletos. Só que eles estão dispostos de tal maneira que inferimos (e de fato vemos) o triângulo a eles superposto. Esse triângulo, embora imaginado pelo cérebro, nos parece tão real que percebemos uma diferença entre o branco do seu interior e o branco do exterior, o que nos leva a delimitar uma borda... que não existe objetivamente.

As ilusões visuais nos mostram como o cérebro processa informações recebidas e experiências vividas no cotidiano de forma autônoma em módulos estruturados nele ao longo da evolução, preenchendo lacunas e, muitas vezes, criando enganos que irão resistir mesmo depois da intervenção de nossos processos mentais conscientes e mais bem informados. Desse modo se constrói a realidade que percebemos, embora, na verdade, ela não tenha correspondência direta com um mundo objetivo.

Veremos nos capítulos seguintes que, de maneira análoga às ilusões de óptica, lapsos e enganos ocorrem também em nossos processos de pensamento ou nossa cognição. Somos frequentemente suscetíveis a ilusões cognitivas, que nos mostram uma realidade distorcida e nos levam a crenças, escolhas e decisões autônomas e bastante resistentes ao pensamento consciente e racional. Nesse contexto, é importante lembrar que o nosso cérebro se desenvolveu ao longo de milhares de anos, adaptando-se de modo a garantir a sobrevivência dos indivíduos no ambiente específico em que ocorreu a sua evolução. Mas, agora, fazemos parte de uma civilização que criou ambientes e situações bem diferentes daquele contexto original, o que leva com certa frequência a situações em que o cérebro humano costuma não funcionar a contento.

EM SÍNTESE

O cérebro humano, responsável por nossos processos mentais, embora seja muito eficiente, tem falhas decorrentes de sua evolução. Acreditamos que somos seres conscientes e racionais durante todo o tempo, mas isso não é verdade: a maior parte dos processamentos mentais não é consciente, mas decorre do funcionamento de mecanismos mais primitivos que surgiram no processo evolutivo.

Não temos uma única forma de aprender e de tomar decisões. Além das decisões conscientes, há outros processos – influenciados por deixas e estímulos presentes no ambiente ou em nosso corpo – dos quais não nos damos conta e que influenciam, o tempo todo, a nossa conduta e o nosso pensamento. Esses processos de tomada de decisão concorrem entre si e com o processamento consciente, e daí podem surgir escolhas autônomas, nem sempre as mais adequadas ou mais racionais. Como não temos acesso a esses processamentos, acreditamos que as decisões sempre decorrem de nosso processamento consciente, mantendo a crença em nossa racionalidade.

A MENTE EM DOBRO:
DOIS TIPOS DE COGNIÇÃO

2

> Pensar é o trabalho mais difícil que existe, provavelmente é por isso que tão poucos se dedicam a ele.
>
> **Henry Ford**

A maior parte das pessoas tem, informalmente, uma postura dualista: elas acreditam que existe uma mente separada do corpo. Essa mente seria responsável por nossas intenções, nossas crenças e nosso livre-arbítrio, além de ser capaz de mobilizar o cérebro e o corpo para controlar o nosso comportamento. A abordagem científica, no entanto, aponta para outra direção, e os cientistas costumam ser monistas: eles consideram que a mente, ou os processos mentais, decorre do funcionamento do cérebro em interação com o corpo e o ambiente externo. As evidências são inúmeras. As observações acumuladas ao longo do tempo mostram, por exemplo, que os processos mentais se alteram nas disfunções cerebrais, modificam-se por intervenções farmacológicas ou físicas no cérebro e, além disso, evoluem ao longo da vida de acordo com o amadurecimento ou a degeneração cerebral. Tudo indica que mente e corpo são indissociáveis e interagem de forma recíproca o tempo todo. Pode-se dizer que a mente (ou os processos mentais) é corporificada.

Usualmente, os processos mentais são associados a um eu, que parece unitário e consciente. No entanto, as ciências cognitivas nos informam que a maioria dos processos mentais não é consciente e que, de forma surpreendente, poderíamos até mesmo considerar a existência simultânea de dois tipos de "mentes". Parece haver dois tipos de cognição* diferentes, duas formas de processar as informações, que estão ligadas a funcionamentos neuropsicológicos distintos no cérebro. A ideia de que o cérebro tem mais de uma forma de funcionamento cognitivo não é nova, mas agora pesquisas científicas têm permitido compreender melhor a neuropsicologia por trás desse funcionamento.

O primeiro tipo de cognição, que usamos na maior parte do tempo, é menos sofisticado e depende dos estímulos ou deixas ambientais, como ocorre com o condicionamento e as condutas autônomas que mencionamos no Capítulo 1. O segundo é controlado por mecanismos neurais mais complexos, que mobilizam a atenção voluntária e a consciência para examinar aspectos salientes do ambiente ou do processamento interno em momentos que são considerados importantes ou que fogem à rotina.

Esses dois tipos de cognição têm sido chamados de diferentes nomes pelos muitos pesquisadores que se dedicaram ao seu estudo. Vejamos alguns exemplos: processamento automático e processamento consciente, processamento algorítmico e processamento deliberativo, sistema automático e sistema consciente, sistema impulsivo e sistema reflexivo, ou, simplesmente, sistema 1 e sistema 2.

Embora a denominação "sistema" tenha sido usada com frequência, essa não é a melhor maneira de designação, não só porque induz à ideia de um "homúnculo" agindo no interior do cérebro, mas também porque sabemos que essas duas formas de cognição não atuam por meio de sistemas ou circuitos independentes entre si, nem mesmo por meio de sistemas fechados, sem interação com outros, que cuidam de diferentes aspectos do funcionamento cerebral. Aliás, tudo indica que cada uma dessas formas de cognição faz uso de múltiplos sistemas neurais. Por isso, nos parece mais adequada a tendência de designá-los como processamentos do Tipo 1 (T1) e do Tipo 2 (T2).

O processamento T1 é autônomo, espontâneo e impulsivo. Ele tem execução rápida, não exige grande demanda de processamento e tende a operar em paralelo, sem interferir em outros processamentos T1 (que podem atuar concomitantemente) ou no processamento T2. Com essas características, ele é

---

* "Cognição" é um termo geral que se refere ao processamento da informação pelo cérebro. Inclui a percepção, a atenção, a memória e outros processos relacionados com a resolução de problemas e a tomada de decisão.

capaz de examinar uma grande quantidade de informação simultaneamente. Do ponto de vista filogenético, ele é mais primitivo e não é exclusivo da espécie humana, pois ocorre também em outros animais.

O processamento T1 predomina na vida cotidiana, quando as emoções regulam nosso comportamento, quando usamos módulos neuropsicológicos para resolver rapidamente problemas adaptativos que surgiram ao longo da evolução, quando há aprendizagem implícita (como os condicionamento), além dos comportamentos que aprendemos por repetição e se tornam automáticos ou habituais. Esse tipo de processamento às vezes ameaça o comportamento racional, como quando módulos adaptativos que surgiram ao longo da evolução da espécie deixam de sê-lo em um ambiente moderno, ou quando os hábitos são generalizados demais e não se aplicam a situações específicas.

Já o processamento T2 não é autônomo, mas deliberado e consciente, envolvendo o uso da memória operacional,* que é importante para a execução consciente de tarefas objetivas. Ele normalmente é relacionado com a linguagem verbal e requer mais recursos. Além disso, trabalha em série, examinando uma coisa de cada vez. Por tudo isso, ele é mais limitado na sua capacidade de processamento. Uma de suas funções críticas é a de se sobrepor (e substituir) ao processamento T1 em ocasiões incomuns, que requerem uma análise mais detalhada. O processamento T2 é controlado pelas regiões mais anteriores do cérebro humano, o chamado córtex pré-frontal, que é particularmente volumoso em nossa espécie. É provável que esse tipo de processamento não exista, pelo menos de forma muito desenvolvida, nos outros animais.

A cognição T1 é prevalente quando realizamos nossas atividades rotineiras, como dirigir para o trabalho ou para casa, navegar despreocupadamente na internet ou fazer compras em um supermercado. Nosso pensamento não está preso, necessariamente, ao que estamos fazendo, e as ações são automáticas, porque já foram exercitadas muitas vezes antes. A cognição T2 poderá entrar em ação quando surgirem eventos que fogem a essa rotina, por exemplo: se uma interrupção no trânsito exige que planejemos uma nova rota; se surge, na tela do computador, uma informação que nos obriga a prestar atenção sustentada ou um problema que exige raciocínio para ser solucionado; ou, no caso do

---

* Memória operacional, ou de trabalho, é a memória transitória, que nos permite manter e manipular na consciência, por algum tempo, as informações necessárias para executar uma tarefa.

supermercado, se não encontramos um item de costume e precisamos procurá-lo ativamente ou pensar em uma maneira de substituí-lo.

O T1 viabiliza as escolhas e decisões rotineiras e geralmente é bastante satisfatório para a nossa vida cotidiana. Contudo, ele algumas vezes nos leva a ações ou comportamentos que podem não ser os melhores. Como o T1 é influenciado por sinais e deixas do ambiente, esses eventos podem atuar de forma decisiva sem que percebamos. Podemos ver isso no resultado de muitas pesquisas sobre comportamento alimentar.

Sabe-se, por exemplo, que o nível de iluminação em um restaurante pode influenciar o quanto se come: uma iluminação mais fraca induz a uma maior ingestão, e o contrário ocorre com uma iluminação intensa. Efeito semelhante acontece com a presença ou não de música ambiente. Além disso, o tamanho e o formato dos copos e pratos têm um grande poder de sugestão na quantidade de ingestão (não à toa os restaurantes de autosserviço geralmente disponibilizam pratos enormes). Temos a tendência de servir uma quantidade maior nos recipientes maiores e de só parar de comer (ou beber) quando o alimento (ou o líquido) que estamos consumindo termina. Isso leva, é claro, ao aumento do consumo. Ocorre algo semelhante com o tamanho dos pacotes dos alimentos, como o dos sacos de pipoca. Adicione-se a isso a alimentação desprovida de atenção, em frente à televisão ou no cinema, que acaba por levar à ingestão excessiva, muito além do ponto de saciação.

Não é difícil concluir que muitas dessas influências, que ocorrem sem nos darmos conta delas, são fatores importantes na epidemia de obesidade nos tempos em que vivemos. Convém lembrar que elas também são exemplos de processos de pré-ativação (*priming*), como foi descrito no Capítulo 1.

Outro exemplo da atuação do T1, ou do *priming*, aparece em algumas pesquisas que mostram que frequentemente interagimos com computadores aplicando regras sociais e ignorando a natureza não humana dessas máquinas. Em um desses estudos, procurava-se verificar se são atribuídos aos computadores certos estereótipos relacionados ao gênero.

Sabe-se, por pesquisas na área da psicologia, que um comportamento dominante masculino costuma ser bem recebido (os homens são considerados assertivos ou independentes), enquanto o mesmo comportamento nas mulheres tende a ser malvisto (elas são consideradas mandonas ou agressivas). Sabe-se também que, quando as pessoas são avaliadas por homens, essa avaliação costuma ser mais bem aceita do que quando são avaliadas por mulheres. Mais ainda, costuma-se acreditar que existem assuntos masculinos e assuntos femininos e que os homens, em geral, entendem mais de assuntos masculinos, enquanto as mulheres entendem mais de assuntos femininos.

Na pesquisa em questão, esses estereótipos foram estudados usando sujeitos que interagiam com computadores equipados com vozes masculinas ou femininas. Os resultados mostraram que, quando os computadores expunham resultados de uma avaliação, os sujeitos (homens e mulheres) em geral consideravam aqueles com vozes masculinas mais amigáveis do que aqueles com vozes femininas (embora o conteúdo da avaliação fosse o mesmo). Os primeiros também eram considerados mais competentes. Dependendo do assunto envolvido, havia resultados divergentes. Os computadores com vozes femininas foram considerados mais confiáveis quando os temas eram amor e relacionamentos. Aqueles com vozes masculinas eram tidos como mais confiáveis quando o tema era informática.

Em outro estudo semelhante, verificou-se que as pessoas costumam aplicar aos computadores regras de polidez semelhantes às utilizadas na interação com humanos. Quando se pede que as pessoas avaliem outra pessoa numa situação face a face, elas tendem a ser gentis, e suas respostas têm um viés positivo, o que significa que elas evitam magoar quem é avaliado. Nesse experimento, os sujeitos trabalhavam com um computador e em seguida solicitava-se que avaliassem o desempenho da máquina. A avaliação era feita algumas vezes no mesmo computador e outras vezes num computador diferente. Os resultados mostraram que as avaliações eram muito mais positivas no primeiro caso. Em entrevista posterior, os sujeitos envolvidos confirmaram que não acreditavam que computadores tivessem sentimentos; além disso, eles não admitiram que tivessem sido sugestionados por utilizar a mesma máquina.

O que ocorre é que, nesses casos, nos deixamos levar pelos estímulos ambientais existentes, ou nos guiamos pelos comportamentos habituais, sem prestar maior atenção ao que estamos fazendo: utilizamos o processamento T1. Se o processamento T2 fosse mobilizado, o comportamento poderia ser modificado, mas não é isso que costuma acontecer. Aliás, nesses experimentos, as pessoas geralmente admitem que não perceberam o efeito causado por aqueles estímulos, ou até afirmam que o efeito não existiu. Mesmo nós, conhecendo os resultados desses estudos, tendemos a admitir que essa influência pode afetar os outros, mas não acreditamos que ela possa modificar nosso próprio comportamento.

Na maior parte do tempo, nossos processos mentais são do Tipo 1, isto é, funcionam de forma contínua, automática e sem esforço, gerando impressões, intuições, sentimentos e ações. O processamento T2 está disponível, mas as decisões são tomadas via T1 e aceitas sem crítica, sem que o processamento T2 assuma o controle.

Um exemplo disso pode ser observado no chamado teste de reflexão cognitiva, composto por três problemas matemáticos simples, expostos a seguir. (O exemplo será mais ilustrativo se o leitor, antes de prosseguir a leitura, tentar resolver esses problemas, anotando suas respostas.)

1. Uma bola e um boné custam R$ 110,00. A bola custa R$ 100,00 a mais do que o boné. Quanto custa o boné?
2. Se 5 máquinas levam 5 minutos para fazer 5 instrumentos, quanto tempo levarão 100 máquinas para fazer 100 instrumentos?
3. Na superfície de uma lagoa, há uma área coberta por aguapés. Todos os dias, a área dobra de tamanho. Se são necessários 48 dias para a área cobrir toda a superfície da lagoa, quanto tempo seria preciso para ela cobrir metade dessa superfície?

Esses problemas têm soluções intuitivas que são rapidamente alcançadas pela maioria das pessoas. As respostas rápidas são, respectivamente: R$ 10,00; 100 minutos e 24 dias. Todas elas são incorretas.

Ao fazer uma análise mais acurada, verificamos que a resposta ao primeiro problema não pode ser R$ 10,00, pois nesse caso a bola custaria R$ 110,00 e o custo total seria R$ 120,00. Fazendo um cálculo que não envolve muito conhecimento matemático, podemos concluir que a resposta correta é R$ 5,00. Quanto ao segundo problema, ao pensarmos melhor, verificamos que cada máquina leva 5 minutos para fazer um instrumento, portanto a resposta correta é 5 minutos. No caso do terceiro problema, como a área dobra de tamanho a cada dia, ela cobrirá metade da lagoa no dia anterior ao relatado, ou seja, no dia 47.

O que ocorre é que, como os problemas não parecem muito desafiadores, a tendência é resolvê-los utilizando um raciocínio simples ou heurístico (processamento T1), que envolve menor esforço. Um esforço mental iria requerer maior gasto de energia e costuma ser aversivo ou desagradável, por isso é evitado sempre que possível. Somos dotados de uma "avareza cognitiva": estamos programados para ser econômicos ou mesmo sovinas quando se trata de utilizar um pensamento mais elaborado. Podemos também afirmar que somos simplesmente preguiçosos quando se trata de pensar.

Isso não acontece somente quando a matemática está envolvida. Mais uma vez, sugerimos que o leitor tente resolver um problema:

> Juca está olhando para Ana, que está olhando para Jorge. Juca é casado e Jorge não é. Nesse caso, há uma pessoa casada olhando para uma pessoa não casada?
>
> **a** Sim.
> **b** Não.
> **c** Não se pode saber.

Geralmente, as pessoas assinalam a letra C (não se pode saber), mas a resposta correta é a letra A. Basta raciocinar: se Ana for casada, a resposta será A, porque ela está olhando para Jorge, que não é casado. Se Ana não for casada, então a resposta também será A, porque Juca, que é casado, está olhando para ela. Não importa se não sabemos o estado civil de Ana, pois a resposta sempre será A. No entanto, temos que envolver o processamento T2 para chegar a essa conclusão – e evitamos fazer isso devido à nossa avareza cognitiva. Preferimos, na maioria das vezes, afirmar que a resposta é indeterminada, porque o estado civil de Ana não foi especificado.

Embora o T2 esteja disponível o tempo todo e possa tomar o lugar do T1, normalmente a preguiça é preponderante, e aceitamos como corretas as soluções providenciadas pelo T1, ainda que elas não o sejam. Em outras palavras, somos propensos a chegar a conclusões apressadas a partir de um pensamento impulsivo e automático, que nos parece mais confortável.

Quando ocorre uma situação em que o T1 não tem uma resposta pronta, o T2 é chamado a intervir e, se necessário, passa a dominar os processos cognitivos. Embora o controle efetivo exercido por T2 ocorra apenas parte do tempo, geralmente acreditamos que ele é exercido de forma contínua, porque em nossos processos conscientes, como veremos, sempre aparece uma narrativa, criamos uma história que dá coerência e sentido ao nosso comportamento.

Nosso fluxo de pensamento não cessa, dando a impressão de que estamos sempre conscientes do que pensamos e no controle de nossas ações. Mas convém comparar os dois exemplos que se seguem.

Exemplo 1

Como na próxima semana eu recebo o 13º salário, preciso resolver o que fazer com ele. Um terço deve ser reservado para o pagamento das dívidas e impostos cobrados no começo do ano. Para os outros dois terços, há duas alternativas: eles podem ser usados para um período de férias ou para completar o pagamento inicial de um carro novo. Na verdade, não me sinto muito cansado atualmente, e estamos na alta temporada, quando os destinos turísticos estão muito lotados, além de mais caros. Daqui a alguns meses, posso pagar mais barato e, se necessário, financiar a viagem. Portanto, a alternativa do carro pode ser mais interessante. Neste mês, as concessionárias de veículos costumam oferecer preços atrativos para se livrar dos estoques, e eu estou tendo despesas na manutenção do meu carro velho, que poderiam ser evitadas. Então, o que farei é usar dois terços do montante para providenciar a compra de um carro novo.

Exemplo 2

Amanhã tenho uma consulta marcada com a cardiologista, no centro da cidade. Melhor pegar um táxi, pois não é fácil estacionar naquela praça. Aliás, bem em frente ao ponto de táxi, há um centro cultural com uma exposição interessante. Acho que vou mais cedo para dar uma olhada. Lá tem também uma livraria onde sempre encontro algum livro que me atrai. E na livraria há uma seção de informática: posso comprar aquele cartucho de tinta de que estou precisando. Os trabalhos que tenho para entregar têm que ser impressos e entregues dentro de dois dias.

O primeiro exemplo é um fluxo de pensamento em que ocorre um processamento T2 típico. Há uma intenção clara de atingir um objetivo, a atenção é sustentada e ocorre a simulação e o exame de realidades alternativas imaginárias, que não são confundidas com a realidade presente. Mantemos as diversas opções na consciência até que possamos atingir uma conclusão objetiva. Além disso, outras ideias ou processamentos são inibidos até que cumpramos a tarefa. Pode-se afirmar que a memória operacional está totalmente envolvida, com o gasto correspondente de energia.

No segundo exemplo, temos um processamento com algumas características de T2: é seriado, consciente e relativamente lento. Por outro lado, ele é associativo e focal. Iniciado o fluxo de pensamento, as ideias vão se sucedendo (por similaridade, disponibilidade ou contiguidade) e mudando de foco de forma sucessiva. Não ocorre o exame mais profundo de cada uma delas nem há busca de alternativas. Não há um controle efetivo da cognição, e a mente passeia sem maior esforço pela rede associativa disponível: cada pensamento que aparece vai sucedendo o outro. Outros processamentos T1 podem se imiscuir, atingir a consciência e direcionar o fluxo do pensamento e das ações. Esse tipo de cognição envolve muito menos esforço e tem custo de computação menor, por isso é usado em boa parte do tempo em que estamos acordados.

Esse segundo exemplo é típico da divagação mental, tão comum em nosso pensamento cotidiano. É o que chamamos de mente errante (*wandering mind*), que entra em ação sempre que não estamos ativamente envolvidos em uma tarefa mais estimulante ou urgente. A atenção e o fluxo de pensamento se dirigem, interiormente, para sentimentos, memórias e visões do futuro, sem uma intenção explícita. Com o auxílio de técnicas de neuroimagem, verificou-se que esse processamento é sustentado por um circuito que envolve estruturas cerebrais bem definidas, denominado "circuito cerebral de modo padrão" (*brain's default network*). Sabe-se também que esse circuito está atuante quando estamos "em repouso" e que outros circuitos e outras estruturas cerebrais entram em ação quando nos dedicamos à resolução de um problema ou a outras atividades cognitivas interessantes.

Em todos os momentos, múltiplos processamentos T1 são executados simultaneamente pelo cérebro. Se o ambiente é favorável e não ocorrem incidentes que exijam maior esforço, o processamento T2 não é chamado a intervir, mesmo porque, como sabemos, isso é geralmente considerado desagradável. Nessa situação de conforto cognitivo (em ambientes familiares, por exemplo), tendemos a relaxar e a aceitar nossas intuições, a confiar em nossas impressões e a acreditar nas informações que recebemos sem um exame mais detalhado. O processamento T1 segue seu curso sem controle do T2. Isso funciona bem em boa parte do tempo, mas pode eventualmente ocasionar problemas.

Costuma-se dizer que uma mentira repetida muitas vezes passa a ser tida como verdade. Isso tem sido comprovado em muitos experimentos: uma informação que se repete de modo usual tende a ser considerada, facilmente, como verdadeira. Esse fenômeno tem implicações óbvias no mundo da propaganda e das redes sociais. Ao que tudo indica, a familiaridade tende a inibir o pensamento crítico: o processamento T1 tende a acreditar, e a dúvida depende do T2. Temos um desvio cognitivo que facilita a crença, que poderíamos chamar de viés da crença. O processamento intuitivo, ou autônomo, lida com as invariâncias, com aquilo que é rotineiro e habitual, a respeito do que não precisamos refletir porque já temos respostas conhecidas de experiências prévias. A mente reflexiva só é recrutada quando é necessário avaliar as circunstâncias com mais detalhes. Atualmente, com o uso intensivo da internet e das redes sociais, é muito fácil difundir informações falsas, que são assimiladas e tidas como verdades: as *fake news* são um prato cheio para a forma imperfeita como processamos as informações e nos deixamos levar pelo T1 sem raciocinar criticamente.

Muitos estudos têm mostrado que a mera exposição repetida a um estímulo ou objeto faz com que ele seja considerado mais agradável, não só por nós, humanos, mas também por outras espécies animais. Isso se aplica a uma gama de estímulos, que incluem os alimentos, a música, a arte e mesmo as pessoas. Constatou-se, por exemplo, em uma pesquisa que abrangeu vários países, que as letras que constituem o nosso nome tendem a nos influenciar. Preferimos palavras que contêm essas letras às que não contêm. Se essa tendência se limitasse às letras, isso seria apenas uma curiosidade, mas há evidências de que ela tem uma repercussão bem mais ampla. Em eleições gerais, por exemplo, o apego ao que é familiar pode favorecer políticos já conhecidos ou que estejam no poder. Como essa influência é subliminar, não nos damos conta da extensão em que nosso comportamento deixa de ser objetivo e racional.

Se consideramos um ambiente familiar, isso significa que já experimentamos aquela situação outras vezes e que nada de perigoso ou desagradável aconteceu. Essa informação tem valor de sobrevivência e, provavelmente por isso, gostar do que é conhecido tornou-se um padrão em nosso funcionamento cerebral. Esse fenômeno, chamado "efeito da mera exposição", está, por sua vez, na origem de outro fenômeno interessante, conhecido como efeito halo: nossa tendência de generalizar as características de uma pessoa a partir de uma qualidade que sabemos que ela possui, principalmente se essa qualidade é positiva.*

Sabe-se que às pessoas bem-apessoadas costumam ser atribuídas, de forma acrítica, outras qualidades, como competência, simpatia ou generosidade.

---

* O escritor russo Leon Tolstói (1828-1910) certa vez escreveu: "Que estranha ilusão, supor que o belo é bom", numa demonstração de que não são necessários experimentos científicos para que essa falha cognitiva seja percebida.

Trata-se de um desvio cognitivo bastante comum e muito explorado pelos profissionais da propaganda – por exemplo, quando elencam artistas ou atletas conhecidos para recomendar produtos (como medicamentos) totalmente afastados das habilidades pelas quais eles são admirados. Trata-se de aproveitar o efeito halo. É bom levar em conta que o contrário também pode acontecer, levando-nos a uma avaliação negativa das coisas ou pessoas que têm associação com o que nos desagrada.

Conhecendo as características principais dos processamentos T1 e T2, sabemos que o padrão (*default*) no processamento T1 pode nos levar a tomar decisões e fazer escolhas que não são um modelo de racionalidade. Mas outras falhas cognitivas decorrem desse processamento duplo – autônomo ou discriminativo – que acontece em nossos cérebros. No próximo capítulo, examinaremos algumas dessas falhas, que costumam ser chamadas de "ilusões" ou "vieses cognitivos" (*cognitive biases*).

EM SÍNTESE

1. Os estudos científicos indicam que realizamos duas formas de processamento cognitivo no nosso dia a dia. O primeiro, denominado Tipo 1 (T1), é rápido, espontâneo e autônomo e requer menos energia para ser processado. Ele é o processamento que mais utilizamos, pois atua de forma confortável, abaixo do nível da consciência. Usualmente, vários processamentos T1 ocorrem de modo simultâneo em nosso cérebro, e eles eventualmente podem atingir o nível da consciência.

2. O outro tipo de processamento, o Tipo 2 (T2), é mais lento, gasta mais energia, envolve os recursos conscientes da memória operacional e normalmente está relacionado com a linguagem verbal.

3. O processamento T1 é capaz de resolver a maior parte das nossas necessidades cotidianas. Quando estamos em uma situação confortável, tendemos a nos restringir a ele (quando estamos em divagação mental, por exemplo). Se ocorre algo fora da rotina, o processamento T2 é chamado a intervir, mas frequentemente opomos certa resistência a ele devido à

EM SÍNTESE

nossa avareza cognitiva (pensar de forma concentrada não é agradável).

4. Quando estamos no piloto automático (T1), ficamos sujeitos a tomar decisões e tirar conclusões apressadas, a raciocinar de forma enviesada e a agir de forma não racional.

5. Como vivemos em um ambiente muito diferente daquele em que o cérebro humano evoluiu, precisamos utilizar o processamento T2 com cada vez mais frequência, mas isso só ocorrerá se estivermos realmente atentos aos diversos momentos de nossa existência.

CAINDO NA REDE:
AS ILUSÕES COGNITIVAS

3

> Decisões rápidas são decisões perigosas.
> **Sófocles**

Muitas decisões e escolhas no nosso cotidiano são feitas de maneira heurística, ou seja, usando regras simples e automáticas, que não dependem de um processamento consciente. Na maioria das vezes, essa maneira de funcionar é eficiente para a solução de problemas ordinários, mas também pode resultar em soluções inadequadas ou que contrariam um procedimento racional. A identificação de muitos desses chamados vieses cognitivos tornou-se possível na década de 1970, a partir do trabalho pioneiro de dois psicólogos israelenses, Amos Tversky e Daniel Kahneman.

Preferimos o funcionamento cognitivo autônomo, como já sabemos, porque não envolve muitos recursos: é mais econômico e, portanto, mais de acordo com nossa avareza cognitiva. Frequentemente, os problemas derivados do seu uso decorrem de um processamento associativo descuidado, que envolve a busca das informações armazenadas em uma rede semântica, como vimos no Capítulo 1. A seguir, vamos examinar alguns desses vieses.

VIÉS DA DISPONIBILIDADE

O viés da disponibilidade ocorre porque costumamos fazer julgamentos e estimativas utilizando a primeira ideia que nos vem à mente. Esse desvio é comum no julgamento de probabilidades e frequências: qual é o risco que corro ao fazer uma viagem de avião? Será que a minha casa pode ser invadida por assaltantes? Divórcios e adultérios são mais comuns entre os ricos ou entre os pobres? Acontecem mais entre jovens ou casais de meia-idade?

Geralmente avaliamos essas probabilidades com base nos fatos que conhecemos e dos quais lembramos com mais facilidade, pois eles estão presentes em nossas redes cognitivas. Logo depois de um acidente aéreo, provavelmente iremos superestimar o risco desse tipo de viagem. Para mensurar a frequência de divórcios ou adultérios, procuraremos nos lembrar dos casos de que tivemos notícia, associando-os então com a idade e a situação econômica das pessoas envolvidas. Em todos esses casos, nossas conclusões têm grande chance de não serem exatas, pois não levamos em consideração muitos dados da realidade mais ampla.

Devido ao viés da disponibilidade, por exemplo, as pessoas tendem a superestimar a própria participação em trabalhos feitos em grupo ou dupla. Quando se pede que os envolvidos atribuam um valor percentual à sua participação, a soma dos valores geralmente excede em muito os 100% possíveis. Isso ocorre nos trabalhos domésticos executados por um casal, nos eventos esportivos e mesmo nas equipes que trabalham na preparação de um trabalho científico. Não se trata de má-fé: a questão é que cada um de nós se lembra com mais facilidade do próprio envolvimento do que do envolvimento das outras pessoas, pois essa informação está mais disponível em nossa memória.

Claro que a facilidade de lembrar determinado fenômeno é útil no nosso cotidiano, e essa forma de funcionar provavelmente tem raízes em nossa evolução. Onde é mais frequente encontrar determinado alimento? Que sinais da presença de um predador devem ser observados? A lembrança que nos ocorre, em geral, corresponde à frequência do fenômeno envolvido, segundo a nossa experiência, mas pode levar a avaliações incorretas, principalmente no mundo complexo em que vivemos.

Alguns fenômenos são ativados com prioridade: os mais recentes costumam ser lembrados em mais detalhes, o que também ocorre com aqueles que são salientes ou dramáticos (os que despertam emoção) e com os que são concretos ao invés de abstratos. Isso distorce a exatidão das nossas estimativas e pode afetar decisões econômicas, políticas ou ambientais, por exemplo. Sabe-se que as vendas de seguros costumam aumentar logo depois de um desastre, como um incêndio ou inundação, para depois retornar lentamente ao seu número basal. Eventos muito veiculados ou destacados pelos meios de comunicação costumam ser lembrados com facilidade: a violência gera manchetes, porque desperta interesse, o que a faz ser muito noticiada e termos uma impressão um tanto ampliada de sua presença. A notícia de um terremoto ou um ataque terrorista, por outro lado, pode nos fazer considerar um local inseguro, quando na verdade a frequência desses eventos é geralmente baixa e não deveria causar tanta preocupação.

A emoção tem um papel importante nos erros induzidos pela disponibilidade. É interessante lembrar que costumamos considerar a emoção a principal inimiga da razão e, geralmente, atribuímos a ela os afastamentos da racionalidade que observamos nas pessoas. No entanto, como temos visto, o grande adversário da racionalidade não é a emoção, mas o processamento cognitivo autônomo, que não tem compromissos com a razão. Contudo, a emoção torna alguns estímulos salientes, mobilizando a atenção e influenciando a disponibilidade de determinados itens, que serão então processados preferencialmente pela memória ou pela imaginação.

Sabemos que nosso estado emocional tem efeito observável na memória: quando estamos alegres, é mais fácil nos lembrarmos de coisas alegres; já quando estamos deprimidos, a tendência é nos lembrarmos de coisas tristes. A avaliação que fazemos de determinada informação é influenciada pelo estado afetivo do momento. É mais provável que nos lembremos de informações congruentes com nosso estado emocional. Isso influencia a tomada de decisões, pois, como já mencionamos, quando estamos felizes e relaxados, ficamos predispostos a assumir o processamento T1, confiando nas intuições e prestando menos atenção aos detalhes disponíveis. Num estado de alerta, ao contrário, torna-se mais provável o envolvimento do processamento T2, com menos confiança no ambiente e mais atenção aos detalhes.

VIÉS DO ENQUADRAMENTO

Outro viés cognitivo importante que também está ligado ao processamento associativo é conhecido como enquadramento (*framing*). Ele ocorre quando aceitamos passivamente determinada descrição ou apresentação de um problema ou situação, sem buscar alternativas nem envolver um processamento cognitivo mais elaborado. Nesse caso, fazemos uma escolha (ou tomamos uma decisão) a partir de determinada perspectiva, decorrente do enquadramento da situação considerando-se um ângulo de visão particular, que deriva da maneira como a questão é apresentada. Assim, utilizamos o processamento T1 sem maior interferência de T2.

Um experimento antigo, feito ainda na década de 1940, ilustra esse viés. Os pesquisadores forneciam aos sujeitos do experimento a descrição de duas pessoas, A e B, como indicado a seguir.

> A: inteligente, aplicada, impulsiva, exigente, teimosa e invejosa.
> B: invejosa, teimosa, exigente, impulsiva, aplicada e inteligente.

É fácil notar que as descrições são idênticas, exceto pela ordem das características listadas. No entanto, os participantes consideravam A uma pessoa competente, com alguns defeitos que não ofuscavam seus méritos. Por outro lado, consideravam B problemática, com habilidades que eram prejudicadas por suas falhas. A impressão causada pelas características preliminares é predominante, determinando a forma de pensar dos avaliadores.

Outro experimento revelador desse fenômeno pedia que se escolhessem opções de assinatura da revista *The Economist*, que eram apresentadas da seguinte forma:

1   Assinatura *on-line*: $ 59,00.
2   Assinatura impressa: $ 125,00.
3   Assinatura *on-line* e impressa: $ 125,00.

Nesse caso, 84% dos sujeitos optavam pela terceira alternativa.

Além desse conjunto de alternativas, outra combinação de opções era apresentada:

1   Assinatura *on-line*: $ 59,00.
2   Assinatura *on-line* e impressa: $ 125,00.

Nesse caso, as escolhas mudavam significativamente: agora 68% preferiam a primeira opção e apenas 32% ficavam com a segunda opção. Na ausência da segunda opção anterior (que não chegava a ser escolhida, funcionando apenas como um chamariz), os sujeitos conseguiam perceber a enorme diferença de preço e não tomavam mais sua decisão levando em consideração uma assinatura *on-line* "gratuita".

O viés do enquadramento é largamente usado na área de *marketing*. Podemos observá-lo, por exemplo, na "ilusão dos 99 centavos", em que a diferença de preço é ínfima, pois o desconto é de apenas um centavo, mas as pessoas têm a impressão de estar comprando um item muito mais barato. Esse viés também ocorre nas promoções "leve dois e pague um" ou "apenas três itens permitidos por consumidor". Nesses casos, o consumidor é induzido a comprar mais do que necessita, frequentemente por um preço acima do normal.

VIÉS DA ANCORAGEM

Outro tipo de viés cognitivo muito comum é a chamada ancoragem (*anchoring*), que é a tendência de nos basearmos em uma informação recebida (geralmente uma quantidade ou um número) para fazer um julgamento ou escolha. Essa informação pode, inclusive, não ter qualquer relação com o julgamento a ser feito. O exemplo clássico vem do trabalho de Tversky e Kahneman, já mencionado, no qual eles utilizaram uma roleta que sempre dava como resultado os números 10 ou 65. No experimento, os pesquisadores pediam a estudantes universitários para girar a roleta e depois faziam a eles duas perguntas:

1. A porcentagem de nações africanas na Organização das Nações Unidas (ONU) é maior ou menor do que este número?
2. Qual é a porcentagem de nações africanas na ONU?

Os sujeitos que tinham obtido o número 10 estimavam, em média, que a percentagem seria 25%, enquanto os que tinham obtido o número 65 a estimavam em 45%. Apesar de o número observado na roleta não ser informativo para a questão proposta, ainda assim ele atuava como uma âncora a partir da qual os sujeitos faziam as suas estimativas.

Em outro estudo, perguntava-se a um grupo de estudantes universitários se Mahatma Gandhi tinha mais ou menos de 140 anos quando morreu. A um segundo grupo, perguntava-se se ele tinha mais ou menos de 9 anos quando morreu. Em seguida, perguntava-se aos participantes com que idade, em sua opinião, Gandhi havia morrido. Os números fornecidos, como se vê, eram bastante inverossímeis, mas ainda assim influenciavam as respostas. No primeiro grupo, a idade estimada foi de 67 e, no segundo, de 50 anos (Gandhi morreu aos 78 anos).

O que ocorre é que somos influenciados por qualquer número que possa funcionar como ponto de partida em nossa rede associativa e, ao fazermos correções, na maioria das vezes, elas são insuficientes para chegar à solução ideal. O viés da ancoragem ocorre com frequência no nosso cotidiano e, naturalmente, é explorado na área mercadológica. Sabe-se, por exemplo, que ofertas do tipo "compra com limite de oito itens por pessoa" leva a um volume de vendas maior do que "compra com limite de quatro itens". Além disso, é bom lembrar que, em qualquer negociação, geralmente aquele que faz a primeira oferta leva a vantagem de estabelecer uma âncora que, com muita probabilidade, irá influenciar a decisão final.

Mesmo especialistas podem ser influenciados pelo fenômeno da ancoragem, como mostra um estudo feito na Universidade do Arizona. Nesse estudo, solicitou-se que corretores de imóveis experientes avaliassem e estabelecessem o valor correto para a venda de propriedades imobiliárias na sua região de atuação. Verificou-se que eles eram influenciados (da mesma forma que não profissionais envolvidos no mesmo estudo) por um preço sugerido, que atuou como âncora. Também existem estudos mostrando que juízes frequentemente são sugestionados pelos valores sugeridos por promotores ou advogados ao estabelecer a duração de penas ou os valores de multas e indenizações.

A ancoragem muitas vezes influencia nosso cotidiano, como no estabelecimento de valores de orçamento ou na fixação de datas-limite para a finalização de projetos. É comum que sejam tomados como pontos de referência valores e datas irreais, originados de exemplos inadequados, desejos inconsequentes ou previsões ilusórias, que acabam por se mostrar inviáveis na prática.

No viés da ancoragem (como também no enquadramento), é claramente visível o fenômeno da pré-ativação (*priming*), descrito no Capítulo 1. Ele determina o ponto inicial de envolvimento na rede associativa (processamento T1), e, mesmo quando o processamento T2 é recrutado, os ajustes são insuficientes para se chegar a uma escolha ou decisão realmente adequada.

Como vimos até aqui, a avareza cognitiva estabelece o processamento T1 como o funcionamento padrão (*default*) de nosso cérebro. Quando é necessário envolver o processamento consciente, é comum que a preferência recaia sobre a navegação na rede semântica, sem envolver o esforço maior de verificar alternativas e inibir possíveis erros. Isso traz consigo o grande risco de conduzir a conclusões apressadas e inadequadas.

O psicólogo Daniel Kahneman chama atenção para o fato de que o cérebro trabalha apenas com a informação disponível (ou ativada) nas redes cognitivas. O que não está ativado simplesmente não existe. É o que poderíamos chamar de PROSODI, acrônimo para "processa só o disponível".* Quando isso ocorre, em nosso pensamento consciente é criada uma narrativa, uma história na qual acreditamos, que dá coerência e justifica as escolhas e decisões envolvidas, ainda que seus fundamentos não correspondam à realidade. O processamento T2, embora tenha mais recursos, aceita sem críticas as impressões geradas pelos processamentos autônomos. Muitas vezes, não percebemos que informações essenciais para uma escolha ou decisão deixam de ser levadas em conta só porque não se encontram imediatamente disponíveis para o processamento cognitivo.

VIÉS DE CONFIRMAÇÃO

Isso nos leva a considerar outro desvio, o viés de confirmação, que consiste na tendência de procurar ou interpretar os fatos de acordo com as crenças e expectativas já existentes, ou seja, com as hipóteses disponíveis na ocasião. Em razão dele, tendemos a valorizar e prestar mais atenção aos fatos que se encaixam e confirmam nossas crenças, ignorando aqueles que as desafiam. Se temos uma teoria, geralmente percebemos melhor as evidências que estão de acordo com ela e tendemos a não prestar atenção às que a contrariam. Quem acredita em adivinhos ou horóscopos, por exemplo, tem facilidade em se lembrar de quando as previsões estavam corretas e costuma se esquecer das muitas vezes em que elas não fizeram sentido.

Com o viés de confirmação, nos vêm à mente com mais facilidade as informações que estão associadas, na rede semântica, às noções que já possuímos. Se somos a favor da pena de morte ou do porte de armas de fogo, é mais fácil nos lembrarmos de argumentos que os justifiquem do que de evidências que

---

* Kahneman dá o nome de WYSIATI a esse fenômeno, um acrônimo que corresponde à frase em inglês "What you see is all there is".

possam desacreditá-los. Se pensamos que vacinas são prejudiciais, prestamos mais atenção a notícias (mesmo falsas) que confirmam essa crença. Um raciocínio equilibrado teria de levar em conta, é claro, outros argumentos de forma equivalente, bem como a verificação da veracidade de cada informação, mas não é o que geralmente acontece. Mesmo cientistas, treinados a raciocinar com equilíbrio, frequentemente favorecem os dados que confirmam suas teorias e têm dificuldade de incorporar aqueles que podem ameaçá-las. Além disso, crenças religiosas ou políticas também podem interferir e mesmo impedir um raciocínio apropriado.

Esse desvio cognitivo é comum no cotidiano e pode contribuir, por exemplo, para a manutenção de estereótipos. Os membros de uma minoria, por serem mais raros, se tornam mais evidentes (salientes ou disponíveis) quando encontrados. Quando observamos neles um comportamento diferente ou inadequado, é mais fácil nos lembrarmos disso no futuro, ainda que o mesmo comportamento possa ser encontrado na população em geral. Se acreditamos que canhotos são desastrados, será mais fácil observarmos esse traço entre eles do que na população dos destros, que são a maioria.

Em um experimento que ilustra o viés de confirmação, mostraram a adultos jovens um conjunto de três números e pediram a eles para descobrirem a regra que havia gerado a combinação. Os sujeitos, em seguida, podiam verificar se a hipótese em que haviam pensado estava correta. Para isso, produziam outras sequências de três números e indagavam se elas satisfaziam a regra original. Os números podiam ser, por exemplo, 2, 4 e 6 e, nesse caso, observou-se que o mais comum era os sujeitos imaginarem a hipótese "três números pares seguidos". Com base nisso, costumavam gerar outras sequências de três números pares seguidos (8, 10 e 12; 26, 28 e 30, etc.). Como eles obtinham uma confirmação de que satisfaziam a regra, concluíam que a hipótese que tinham imaginado correspondia à solução do problema. Dificilmente testavam sequências inconsistentes com a hipótese que imaginaram (por exemplo, 11, 13 e 15 ou 6, 7 e 8), que permitiriam descobrir uma regra mais geral, como "três números ascendentes" (que afinal era a regra correta). Obtendo uma confirmação de sua hipótese, os sujeitos concluíam que haviam encontrado a solução do problema e não pensavam em considerar hipóteses alternativas, que na verdade levariam ao resultado correto.

Muitas vezes, diante de um problema ou situação, pensamos o suficiente para encontrar uma explicação plausível, ainda que superficial. Tendo chegado a uma conclusão, crença ou ponto de vista, nossa tendência é buscar evidências que possam sustentá-la, e não empenhar muito esforço em criar cenários alternativos. A avareza cognitiva conduz à satisfação com o resultado obtido, e costuma-se evitar o gasto de energia implicado na busca de outras possibilidades. No entanto, a conclusão apressada tem grande chance de ser insatisfatória.

É importante levar em conta que a resistência ao viés de confirmação é justamente um dos aspectos em que o pensamento científico difere do pensamento comum. No método científico, procura-se verificar se uma teoria ou evidência pode ser refutada antes mesmo de procurarmos fatos que a confirmem. Teorias científicas somente são tidas como aceitáveis se outros pesquisadores não conseguem demonstrar a sua falsidade. A psicanálise, por exemplo, é criticada nesses termos, porque suas explicações não podem ser abordadas dessa forma, mas apenas encontram confirmações *ad hoc*.

Existe uma grande diferença entre avaliar imparcialmente as evidências antes de chegar a uma conclusão e buscar deliberadamente comprovações para justificar um ponto de vista precedente. Podemos dizer que, no primeiro caso, empregamos a estratégia do cientista e, no segundo caso, a estratégia do advogado. O cientista deve buscar alternativas e verificar com cuidado se suas convicções não estão incorretas. Já o advogado tem um objetivo, que é provar determinado ponto de vista e, para isso, ele deve reunir todas as evidências possíveis. O que se observa é que o nosso cérebro fica mais à vontade no papel do advogado do que no papel do cientista.

No entanto, é bom lembrar que o grande avanço de nossa civilização decorreu da abordagem científica sistematicamente utilizada ao longo dos últimos séculos. Ela se revelou a mais adequada para compreendermos os fenômenos do mundo em que vivemos. Portanto, deveríamos estar atentos para controlar ou reprimir o viés de confirmação, que leva muitas vezes ao negacionismo científico, o qual nos arrasta para o obscurantismo e é bastante frequente nos dias que correm. Somente a utilização do processamento T2 pode dar respostas consequentes aos múltiplos problemas do mundo moderno, que tendem a aumentar se não forem enfrentados de forma efetiva.

O viés de confirmação é uma falha do funcionamento cognitivo muito comum e observável, o que nos leva a concluir que ele deve ter oferecido algumas vantagens para os indivíduos ao longo da evolução; do contrário, teria desaparecido. Talvez sua importância decorra do fato de que ele evita que mudemos a todo momento nossas crenças e perspectivas a partir de alterações observadas no ambiente, que podem ser fortuitas.

É fácil constatar que os vieses que descrevemos são, com frequência, inter-relacionados. Disponibilidade, enquadramento e confirmação, por exemplo, podem ser identificados simultaneamente em algumas situações que vivemos no cotidiano. Todos eles são instâncias em que o processamento T1 acaba levando vantagem sobre o processamento T2. No próximo capítulo, continuaremos examinando aspectos do funcionamento cognitivo que podem nos conduzir a comportamentos que não são um modelo de racionalidade. Veremos como alguns módulos funcionais da nossa neuropsicologia, por sua atividade autônoma, também costumam dar origem a ilusões cognitivas.

EM SÍNTESE

1 Em nosso cotidiano, com frequência tomamos decisões e fazemos escolhas utilizando regras simples e automáticas, sem o uso efetivo de um processamento consciente ou deliberativo. Isso ocorre porque o processamento T1 gasta menos recursos e consegue atender adequadamente a boa parte das situações do dia a dia. Contudo, essa forma de proceder leva a vieses cognitivos, que muitas vezes promovem soluções inadequadas e condutas irracionais.

2 O viés da disponibilidade decorre do fato de que o cérebro tem uma capacidade cognitiva limitada e geralmente se utiliza dos dados que estão mais disponíveis no momento, sem levar em conta a existência de outras informações. Por isso, nos lembramos de evidências que conhecemos por nossa experiência prévia, esquecendo-nos de que, para uma conclusão realmente acertada, seria importante buscar outras informações, que poderiam nos fornecer uma perspectiva mais ampla da realidade. As emoções do momento influenciam bastante o viés da disponibilidade, fazendo com que nossas escolhas e decisões sejam congruentes com nosso estado emocional momentâneo.

EM SÍNTESE

3 O modo como uma informação nos é apresentada costuma determinar como iremos processá-la e reagir a ela: trata-se do viés do enquadramento, que é decorrente do fenômeno da pré-ativação. Esse é um viés comum em nosso cotidiano. Ele é largamente utilizado na área de *marketing*, por exemplo, mas também pode ser observado na área da saúde, da educação, etc.

4 Também ligado ao fenômeno da pré-ativação (*priming*), o viés da ancoragem faz com que utilizemos de forma automática uma informação numérica de que dispomos. Essa informação determina um ponto de abordagem para as nossas redes cognitivas semânticas, influenciando o raciocínio e a tomada de decisão. As correções feitas geralmente são insuficientes para que se chegue a uma conclusão ou solução mais adequada.

5 Podemos afirmar que o cérebro funciona segundo o princípio do PROSODI (processa só o disponível), e isso pode levar a conclusões apressadas e a decisões incorretas.

6 Um dos vieses mais frequentes é o viés de confirmação, nossa tendência de preferir informações que validam as nossas crenças anteriores e de ignorar aquelas que lhes são contrárias. Com o advento da internet e das redes sociais virtuais, tornou-se mais fácil ficarmos presos em bolhas em que as informações recebidas são congruentes com nossos pontos de vista, que são então reforçados continuamente, de forma acrítica.

ASSIM É, SE LHE PARECE:
OS "APLICATIVOS" CEREBRAIS

4

> O cérebro humano é um órgão complexo, com o fantástico poder de permitir que o homem encontre razões para continuar acreditando em qualquer coisa que ele queira acreditar.
>
> **Voltaire**

Há dois tipos de processamento cognitivo atuando em nosso cérebro. O primeiro deles, T1, funciona por meio de múltiplos dispositivos automáticos que podem resolver problemas cotidianos de forma rápida e eficaz. As decisões tomadas dessa forma são chamadas de decisões heurísticas (uma palavra que vem do grego e significa "encontrar"). Embora imperfeitas, elas fornecem soluções intuitivas para dilemas muitas vezes complexos.

Ao longo da evolução, o cérebro foi moldado para identificar problemas recorrentes na vida cotidiana, processando-os de forma automática. Nele se desenvolveram módulos especializados em computar informações, os quais podem ser comparados, metaforicamente, aos *softwares* aplicativos que se tornaram nossos companheiros constantes nos telefones celulares e *tablets* que usamos a toda hora. Esses aplicativos cerebrais atuam de forma heurística e são bastante eficientes, mas, em determinadas situações do mundo moderno, podem levar a escolhas e decisões inadequadas. Vamos examinar alguns desses dispositivos e os vieses decorrentes da sua utilização.

AVERSÃO A PERDAS, EFEITO DA AQUISIÇÃO, VIÉS DO *STATUS QUO*

Tomamos decisões e fazemos escolhas para atingir objetivos ou obter vantagens que nos interessam. A teoria econômica clássica da tomada de decisão sustenta que uma opção racional é determinada por meio do cálculo da utilidade esperada, que é a média das utilidades (vantagens) dos possíveis resultados, pesados de acordo com sua probabilidade. Um tomador de decisões que se comporta racionalmente deveria regular-se somente pelo cálculo desses valores. Por exemplo, se um indivíduo tem R$ 2.000,00 e irá receber, com certeza, mais R$ 100,00, a utilidade esperada será a diferença entre R$ 2.100,00 e os R$ 2.000,00 iniciais. Da mesma forma, se ele possui R$ 2.100,00 e deve perder R$ 100,00, a (des)utilidade corresponderá à diferença entre o valor maior e o menor. Nesse caso, as utilidades dos ganhos ou perdas são equivalentes (R$ 100,00) e variam apenas pelo sinal positivo (+) ou negativo (−). Ocorre que, na prática, não é dessa forma que os seres humanos raciocinam e se comportam ao tomar suas decisões.

Como ilustração, pode-se fazer uma experiência, que consiste em responder aos problemas que se seguem.

Problema 1

Você acaba de receber R$ 1.000,00 e agora pode escolher uma das opções a seguir.
a Você recebe mais R$ 500,00.
b Você joga uma moeda e, se der cara, você recebe mais R$ 1.000,00, mas, se der coroa, você não ganha nada.

Problema 2

Você acaba de receber R$ 2.000,00 e agora pode escolher uma das opções a seguir.
a Você perde R$ 500,00.
b Você joga uma moeda e, se der cara, você perde R$ 1.000,00, mas, se der coroa, você não perde nada.

Pela teoria da utilidade esperada, os dois problemas são similares, e as duas opções A ou as duas opções B levam ao mesmo resultado. Assim, quem prefere a primeira opção do primeiro problema deveria fazer o mesmo no segundo. Contudo, no Problema 1, a maioria das pessoas prefere a opção A, enquanto no Problema 2 a preferida é a opção B. A diferença é que, no primeiro caso, raciocina-se em termos de ganhos e, no segundo caso, em termos de perdas. Quando se trata de ganhos, as pessoas preferem o que é seguro ao que é incerto, mas, no caso das perdas, as pessoas preferem arriscar a optar pelo prejuízo garantido.

Para explicar resultados como esses, Daniel Kahneman e Amos Tversky propuseram a teoria da perspectiva (*prospect theory*), que salienta a importância de levar em conta um ponto de referência quando se toma uma decisão em situações de incerteza. A partir desse ponto de referência, as pessoas consideram as perdas ou os ganhos de forma muito diferente, e o fato é que existe uma enorme aversão às perdas, que parece estar entranhada nos circuitos cerebrais encarregados da tomada de decisão (Figura 4.1).

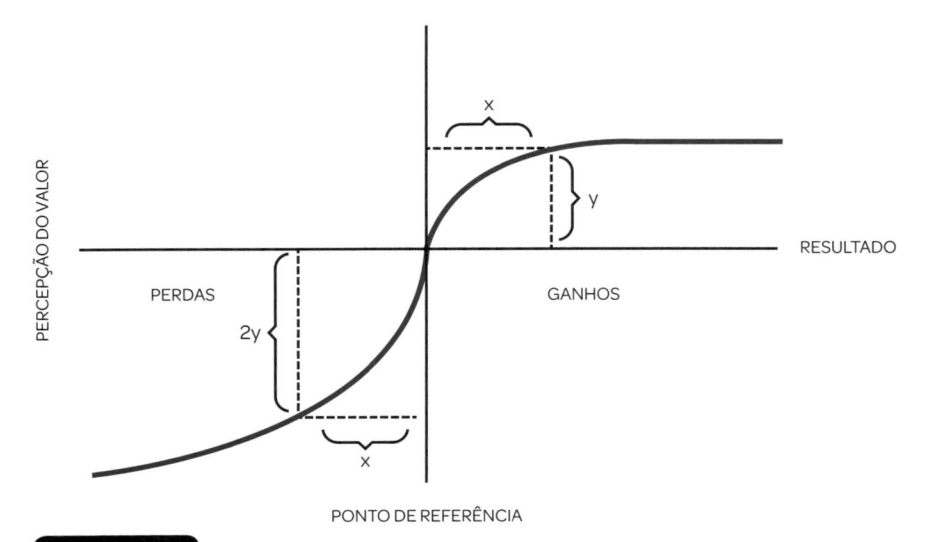

FIGURA 4.1
A teoria da perspectiva demonstra que, em relação a um ponto de referência, as pessoas percebem as perdas de forma muito mais acentuada do que os ganhos (a curva em S é assimétrica). No eixo horizontal, observam-se os ganhos ou perdas a partir do ponto de referência; já no eixo vertical, observa-se a percepção subjetiva do valor.

No mundo animal, é mais importante perceber e reagir a ameaças no ambiente do que perceber oportunidades, pois as primeiras têm o potencial de afetar a sobrevivência e a reprodução. Provavelmente por isso se desenvolveu no nosso cérebro um "aplicativo" que calcula as perdas de forma mais acentuada do que calcula os ganhos.

Kahneman sugere que podemos avaliar nossa aversão à perda imaginando a seguinte questão: em uma situação como um jogo ou loteria, qual é o menor prêmio que eu aceitaria para equilibrar uma possível perda de R$ 100,00? Geralmente as pessoas sugerem R$ 200,00, ou seja, cerca do dobro do gasto envolvido, embora haja variações, e algumas pessoas sejam mais sensíveis do que outras.

A aversão a perdas tem um efeito observável no nosso cotidiano, e podemos ter certeza de que, seja em reuniões de condomínio ou em fóruns de discussão internacionais, os envolvidos que têm algo a perder serão mais aguerridos nas defesas do seu ponto de vista, pois as mudanças que levam a perdas são percebidas como muito mais significativas do que as que levam a ganhos ou melhorias.

A questão da aversão às perdas nos remete ao viés do enquadramento, que vimos no Capítulo 3. É nítido que, dependendo da maneira como se propõe a situação, ela passa a ser vista de perspectivas diferentes, e isso tem enorme importância em dilemas do cotidiano. Veja-se, por exemplo, o resultado do experimento em que foi solicitado que os sujeitos avaliassem as situações descritas nas alternativas a seguir.

A Uma empresa está passando por dificuldades financeiras. Ela se localiza numa comunidade em que há recessão e desemprego, mas não existe inflação. A empresa decidiu baixar os salários de seus empregados em 7% neste ano.

B Uma empresa está passando por dificuldades financeiras. Ela se localiza numa comunidade em que há recessão e desemprego, com uma inflação de 12%. A empresa decidiu aumentar os salários de seus empregados em apenas 5% neste ano.

Verificou-se que 63% dos sujeitos consideram a primeira alternativa injusta, mas apenas 22% têm a mesma opinião sobre a segunda alternativa. No entanto, elas são equivalentes: a diferença está na perspectiva de que ocorre perda no primeiro caso e apenas ausência de ganho no segundo.

O processo envolvido é o mesmo que ocorre em nosso cotidiano quando achamos absurdo pagar uma quantia maior por um produto ao usar o cartão de crédito, mas consideramos perfeitamente normal receber um desconto equivalente se o pagamento é feito em dinheiro. A perspectiva de perda desperta nossas emoções e nos põe em atitude de defesa.

A teoria da perspectiva nos ajuda a entender dois fenômenos interessantes descritos pelos economistas comportamentais, ambos também relacionados à aversão a perdas: o efeito da aquisição (*endowment effect*) e o viés do *status quo*.

O efeito da aquisição refere-se ao fato de que as pessoas que possuem alguma coisa tendem a valorizá-la de uma forma que não faziam antes da posse (que se tornou agora um ponto de referência). Em um experimento clássico, realizado na Universidade de Cornell, nos Estados Unidos, foram distribuídas canecas a um grupo de estudantes, enquanto outro grupo não recebeu o mesmo presente. Os grupos foram incentivados a negociar com as canecas, e o resultado foi que os "vendedores" pediam aproximadamente o dobro do valor que os "compradores" estavam dispostos a oferecer. Muitos pesquisadores replicaram, com pequenas variações, o experimento original, sempre com resultados semelhantes. Parece que, quando temos de nos separar de algum bem, encaramos isso como uma perda, daí a tendência de atribuir a ele um valor maior do que aquele que estaríamos dispostos a pagar por um objeto semelhante.*

Aliás, existem evidências de que apenas o ato de escolher uma opção ou objeto já afeta as nossas preferências subsequentes, pois as pessoas passam a valorizar mais o item escolhido e a diminuir a avaliação do item rejeitado. Um estudo da Universidade de Yale mostra que isso já acontece em crianças de quatro anos e mesmo em macacos. Nessa pesquisa, as crianças eram levadas a escolher entre cartões que representavam faces, e os macacos escolhiam entre pastilhas de chocolate M&M's de cores diferentes. Verificou-se que, após escolher um dentre os itens que anteriormente tinham o mesmo índice de preferência, os sujeitos do experimento passavam a indicar uma predileção maior pelo item escolhido, em detrimento dos demais. Levando em conta esses estudos, pode-se concluir que uma maneira eficiente de conservar nossos relacionamentos amorosos ou de amizade é reafirmar periodicamente as escolhas que fizemos.

---

* Deve-se levar em conta que o efeito da aquisição não ocorre no caso das relações comerciais usuais. Comerciantes não consideram os bens comerciáveis da mesma maneira que consideram os seus bens tidos como pessoais.

O viés do *status quo*, por sua vez, é a tendência de deixar as situações como elas estão, a não ser que as vantagens de uma mudança sejam muito evidentes. O estado vigente é um ponto de referência, e mudanças geralmente trazem vantagens e desvantagens, mas estas últimas são vistas com lente de aumento devido à nossa costumeira aversão a perdas. O fenômeno tem presença generalizada e pode ser observado do mercado financeiro ao comportamento em frente à televisão: as pessoas normalmente evitam mexer em suas aplicações financeiras e, mesmo com o controle remoto em mãos, são propensas a continuar vendo o canal que já está sintonizado.

A opção "em *default*" é largamente utilizada nas relações comerciais, como é o caso das renovações automáticas de assinaturas e das opções iniciais em contratos, que costumam ser mais vantajosas para as empresas envolvidas do que para o consumidor. Usualmente há a possibilidade de uma mudança posterior, mas as companhias apostam no viés do *status quo*. Para esse viés, além da aversão a perdas, concorre a avareza cognitiva, que conduz à tendência de utilizar o T1 (processamento automático) sem envolver o T2, capaz de examinar alternativas de forma consciente.

CATEGORIZAÇÃO, GRUPOS, CONFORMISMO

Uma característica importante do cérebro dos animais é que ele é capaz de processar as informações organizando-as em categorias, em vez de fazê-lo com cada estímulo individualmente. Essa capacidade é econômica em termos de processamento da informação e é importante no cotidiano, pois nos permite discriminar, por exemplo, alimentos de substâncias tóxicas, predadores de animais inofensivos ou parceiros sexuais desejáveis de indesejáveis. Devido a essas vantagens, o processo evolutivo levou ao desenvolvimento de dispositivos neurais capazes de fazer isso a todo momento, envolvendo diferentes estruturas cerebrais.

No processo de categorização, percebemos os estímulos considerados de uma categoria como mais semelhantes entre si, mas com mais contraste em relação aos estímulos de uma categoria diferente.

Se uma série de oito linhas desiguais cuja diferença de tamanho é sempre a mesma é mostrada a uma pessoa, a tendência é que ela identifique essa diferença de forma correta. Contudo, se dividimos essa série em duas subcategorias, imediatamente as linhas da mesma subcategoria são percebidas como mais similares, e a diferença entre as categorias, como maior. Algo semelhante ocorre com uma série de cores ligeiramente diferentes. Em um estudo experimental, verificou-se que os sujeitos percebiam diferenças de temperatura entre os dias de um mesmo mês como mais semelhantes do que diferenças de temperatura entre dias de meses diferentes, a despeito de o intervalo entre os dias ser o mesmo e de as diferenças de temperatura serem idênticas.

A categorização é importante no cotidiano e nos possibilita navegar com mais segurança e rapidez pelas diversas circunstâncias de nossa vida. Nas interações sociais, ela nos permite trazer à mente rapidamente dados que irão discriminar, por exemplo, médicos de policiais, comerciantes de operários, suecos de italianos, orientais de africanos, etc. O processo de caracterização é feito de maneira automática e, a partir de alguns poucos estímulos, o processamento T1 é capaz de gerar conceitos e respostas que, em geral, são satisfatórios, mas que às vezes podem contrariar um raciocínio mais racional.

O uso das categorias pode se transformar em problema quando os indivíduos associados a elas são vinculados automaticamente a determinadas características, o que contribui para o aparecimento de estereótipos. Os psicólogos sociais têm demonstrado de forma experimental que as pessoas utilizam um processo implícito de associação de características a grupos humanos e sociais, processo que conduz a atitudes e julgamentos inconscientes e origina preconceitos. Argentinos são arrogantes, judeus são avarentos, canhotos são desajeitados: conceitos como esses ampliam as diferenças em relação a outros grupos e, por meio dos processos da disponibilidade e da pré-ativação, que já vimos em capítulos anteriores, podem fazer com que o nosso comportamento seja mobilizado pelo processamento T1 antes que possamos nos dar conta de que as pessoas possuem uma individualidade e são diferentes entre si, independentemente de pertencerem ou não a determinada categoria.

A questão dos grupos sociais a que nos vinculamos é particularmente importante porque somos seres intrinsecamente sociais. Ao longo da evolução, o fato de pertencer a um grupo foi absolutamente indispensável: benefícios como a possibilidade de cooperação para a obtenção de alimentos e a proteção contra predadores representavam a diferença entre morrer jovem ou sobreviver e se reproduzir. Por isso, o cérebro humano desenvolveu dispositivos funcionais para a interação em grupos, atendendo às condições da sua história evolutiva. Existem evidências de que esses grupos humanos primitivos seriam compostos por cerca de 150 pessoas, e curiosamente, mesmo na sociedade moderna, com enorme facilidade de comunicação, esse número se aplica a relações coletivas estáveis, inclusive às redes sociais informatizadas. Por isso, não adianta ter dois mil amigos em uma rede social, pois não conseguimos interagir de forma efetiva com um grupo tão grande.

O fato de que nos sentimos pertencentes a um grupo (ou a vários grupos), aliado à capacidade automática de categorização, faz com que as diferenças entre o "meu grupo" e o "outro grupo" se tornem inconscientemente mais significativas. Isso leva a escolhas e comportamentos que, embora compreensíveis, passam longe de um modelo de racionalidade. Experimentos mostram que a divisão das pessoas em grupos – mesmo de forma casual, como tirando a sorte com uma moeda – modifica em questão de minutos a forma como são vistos os indivíduos de um mesmo grupo. Nesses casos, instala-se um viés, o "viés do meu grupo": o próprio grupo é visto como superior, e ocorre simultaneamente a tendência de favorecer o "meu grupo" em detrimento do "outro grupo". Sabe-se que crianças de 11 meses já são capazes de manifestar preferências por aqueles que com elas compartilham algumas similaridades, e elas também discriminam as características "semelhante a mim" e "diferente de mim". Isso sugere que essa capacidade está programada para desenvolver-se automaticamente nos circuitos cerebrais.

É fácil surgirem rivalidades com os membros do "outro grupo". Em experimentos realizados pelo psicólogo Muzafer Sherif em meados do século passado – que se tornaram clássicos (e que hoje não seriam permitidos pelos comitês de ética científica) –, foram formados grupos de adolescentes em acampamentos de férias, e o comportamento desses grupos foi acompanhado de perto. No início do experimento, os jovens, que não se conheciam previamente, foram colocados juntos por alguns dias, para que formassem alguma camaradagem entre si. Depois, eles foram separados em dois acampamentos, com o cuidado de que os antigos amigos ficassem isolados. Isso foi suficiente para que preferissem os novos camaradas em relação às antigas amizades. Na segunda semana, foram programadas competições esportivas entre os dois grupos e, a partir daí, foi possível observar uma escalada progressiva de rivalidade, que culminou em um ataque noturno de um dos grupos ao acampamento do outro. O clima de hostilidade só foi reduzido quando se programaram atividades que requeriam um trabalho cooperativo entre os dois grupos.

O "viés do meu grupo" é muito comum e cada vez mais observável no mundo em que vivemos. A divisão de estudantes universitários entre calouros e veteranos, ou a separação de torcedores de times rivais, grupos fundamentalistas religiosos antagônicos ou partidos de ideologias políticas discrepantes, leva automaticamente à desvalorização e ao antagonismo com o "outro grupo", o que pode resultar em provocações e violência. A facilidade de comunicação propiciada pela utilização corriqueira da internet, aliada ao viés de confirmação, que já descrevemos antes, impulsiona essa polarização, criando bolhas de grupos rivais cujas diferenças se acentuam a ponto de criar rupturas familiares, inimizades irreconciliáveis e mesmo agressão física dirigida aos membros do outro grupo (ou da outra "tribo").

Por outro lado, as pessoas muitas vezes almejam pertencer a certos grupos, como clubes exclusivos, academias literárias e científicas ou fraternidades diversas. Sabendo disso, as corporações e a propaganda investem na vaidade de pertencer a determinados grupos. Incentiva-se, por exemplo, os proprietários de BMW a se diferenciarem dos proprietários de Mercedes, e os usuários de computadores da Apple são instigados a se distinguirem dos que usam o sistema operacional da Microsoft, etc.

Um fator adicional na questão do pertencimento aos grupos é que as pessoas costumam se conformar com as percepções e opiniões do próprio grupo. Em meados do século XX, foram realizadas experiências em que eram mostradas linhas de diferentes comprimentos a um grupo de sujeitos, que deveriam identificar qual delas era idêntica a uma linha padrão. Quando a maioria do grupo (formada por sujeitos instruídos pelo pesquisador) identificava de forma errônea uma das linhas apresentadas como a correta, verificava-se que, geralmente, os sujeitos que não tinham sido instruídos passavam a considerar essa resposta correta, ainda que antes eles tivessem feito a identificação que realmente correspondia à realidade.

Mais recentemente, com o uso de aparelhos de ressonância magnética funcional, pôde-se demonstrar que, em experiências como a relatada, o cérebro realmente modifica a sua percepção. O indivíduo passa a enxergar e a sentir a situação como ela é vista pelo grupo, como se tomado por uma ilusão de óptica. Além disso, foi possível observar que a influência do grupo pode alterar os processos da memória, de maneira que o indivíduo passa a recordar os fatos em conformidade com o grupo, mesmo que anteriormente sua memória fosse precisa. Ao longo do processo evolutivo de nossa espécie, fazer o que a maioria do grupo estivesse fazendo provavelmente teve um valor adaptativo para a sobrevivência, e isso deixou marcas no funcionamento de nosso cérebro que podem gerar consequências muito indesejáveis.

Quando o resto da tribo está fazendo alguma coisa, nós tendemos a pensar que aquilo é o que deve ser feito. O que outros membros do grupo fazem deve ser bom, e o que pensam deve ser verdade. Por outro lado, o viés do "meu grupo" tende a criar diferenças acentuadas em relação ao "outro grupo". O que eles estão fazendo não deve ser bom, e o que pensam não deve ser verdade. Isso cria animosidade e diferenças irreconciliáveis, que atualmente são impulsionadas, como já dissemos, pela facilidade de comunicação (pela internet, por exemplo).

Podemos sentir a influência dos grupos no comportamento nas atividades de consumo, e isso tem grande importância mercadológica. Aqui também os profissionais da propaganda têm um campo fértil de aplicação, pois apelos do tipo "a maioria prefere" ou "todos estão usando" são geralmente efetivos para convencer os consumidores.

As pessoas têm informações advindas de inúmeras fontes sobre a popularidade de produtos (a opinião dos amigos, as redes sociais, as listas de *best-sellers*, etc.) e são influenciadas com facilidade por essas informações. Inúmeros estudos mostram que, quando indivíduos conhecem a preferência de outros, costuma ocorrer uma vantagem para alguns produtos que já têm popularidade. Sabe-se que no YouTube, por exemplo, as preferências anteriores (demonstradas pelo número de curtidas) ajudam a determinar quais são os vídeos que se tornam sucessos de visualização, bem como a magnitude desse impacto.

Outro estudo, esse utilizando artigos do jornal *The New York Times* compartilhados *on-line*, mostrou que o conteúdo é importante. Os artigos com conteúdo positivo costumam ter mais chance de se tornarem virais, o que também vale para aqueles que despertam emoções fortes, como espanto, indignação ou mesmo ansiedade.

A influência grupal não é um fenômeno recente: sabemos que está presente em muitos comportamentos, como o de seguir a moda ao se vestir, usar gírias e até engravidar na adolescência ou cometer suicídio. Mas ela pode ter consequências muito graves, com surtos de insensatez coletiva no campo da política ou do fanatismo religioso. No primeiro caso, podemos nos lembrar da Alemanha nazista. No segundo caso, podemos nos reportar ao suicídio coletivo de mais de 900 pessoas em 1978, em Jonestown, na Guiana, quando os seguidores de uma seita religiosa decidiram se matar ingerindo veneno, num ato de histeria grupal.

É claro que o conformismo não é generalizado nem permanente, pois sempre é possível utilizar os recursos do processamento T2 para se contrapor ao comportamento automático que leva a essas condutas irracionais. Já se disse que "o preço da liberdade é a eterna vigilância" e pode-se parafrasear afirmando que "o preço da independência é a eterna vigilância". Porém, deve-se levar em conta que a vigilância exige atenção e acarreta custo energético, o que se contrapõe à nossa sempre presente avareza cognitiva. Não é fácil fugir desses vieses, que são uma grande ameaça para nossa sociedade atualmente, sobretudo considerando-se o papel dos algoritmos de indução comportamental. Desenvolvidos por grupos ou corporações, tais algoritmos têm o intuito de captar a atenção e manipular o comportamento dos internautas, gerando bolhas grupais que tendem a reforçar os vieses.

VIÉS DO OTIMISMO

O cérebro humano tem a capacidade, mais do que o de outros animais, de antecipar o futuro. Mas essa capacidade está contaminada por um viés interessante: a tendência de exagerar a probabilidade de eventos positivos e minimizar a probabilidade de eventos negativos para nós mesmos. É o que se chama de viés do otimismo, que corresponde a uma diferença entre o que uma pessoa espera acontecer e o que de fato acontece. O fenômeno tem sido observado em jovens e idosos e em grupos de diferentes origens raciais ou classes socioeconômicas. Existem mesmo evidências de que ele ocorre em outros animais, como aves e camundongos.

Inúmeras pesquisas realizadas nas últimas décadas têm revelado o viés do otimismo. Por exemplo: estudantes costumam esperar melhores notas e melhores salários e oportunidades de emprego do que na verdade terão; as pessoas costumam subestimar a duração de tarefas e projetos, bem como o seu custo. As probabilidades de adoecer (sofrer um ataque cardíaco ou desenvolver um tumor cancerígeno, por exemplo) costumam ser subestimadas, e a duração da própria vida, superestimada. Também as probabilidades de divórcio ou de gravidez indesejada costumam ser depreciadas. Mesmo sabendo que é alta a frequência de separações e divórcios na população, as pessoas confiam que o seu caso será diferente. Em termos gerais, tendemos a acreditar que o futuro será melhor e que coisas desagradáveis irão acontecer apenas aos outros.

A maior parte das pessoas tem a percepção de que está acima da média da população. Estudos mostram que 90% dos sujeitos acham que são motoristas melhores do que a média (que então não poderia ser a média). Mesmo pessoas com bom nível intelectual não são imunes, pois, em pelo menos um estudo com professores universitários, 94% se declararam acima da média em relação aos outros professores da mesma universidade.

A psicóloga britânica Tali Sharot tem pesquisado esse desvio cognitivo. Sua equipe demonstrou que, mesmo quando se deixa claro para as pessoas que elas estão sendo exageradamente otimistas, elas tendem a resistir à informação. Por exemplo, se elas dizem que sua probabilidade de ter um tumor cancerígeno é de 10% e são informadas de que a probabilidade média da população é de 30%, elas então admitem que talvez a própria probabilidade seja de 14%. Contudo, se inicialmente elas tivessem sido pessimistas – estimando sua probabilidade de ter câncer em 40% –, ao saber que a média está nos 30%, elas baixariam sua probabilidade para em torno de 31%. A correção se faz de forma mais fácil e acentuada quando o otimismo não está envolvido.

É interessante notar que pacientes psiquiátricos diagnosticados com o transtorno da depressão não apresentam a mesma tendência de corrigir seletivamente as informações que deveriam melhorar uma expectativa inicial. Pacientes deprimidos têm dificuldade de imaginar com clareza o futuro e, quando o fazem, eles tendem a ter uma visão pessimista. No entanto, as pessoas ligeiramente deprimidas costumam ser capazes de avaliar com mais precisão do que as pessoas saudáveis o que pode ocorrer no futuro. É possível que, sem o viés do otimismo, todos fôssemos um pouco deprimidos; ele teria, portanto, um caráter protetor em relação ao risco de cair em depressão.

O otimismo proporciona algumas vantagens. Os otimistas tendem a viver mais e a se recuperar de doenças com mais facilidade. Além disso, eles costumam sofrer menos de estresse e ansiedade, o que está ligado a um sistema imunológico mais resistente a doenças infecciosas. Os otimistas são mais propensos a ter uma vida saudável e, quando adoecem, como acreditam em uma recuperação, se empenham em recuperar a saúde. Além disso, otimistas tendem a acreditar no sucesso profissional, por isso são empreendedores e capazes de se esforçar mais, aumentando a probabilidade de que se cumpra a sua expectativa inicial.

Mas é preciso levar em conta que as vantagens descritas se aplicam apenas àqueles que são moderadamente otimistas, pois o otimismo exagerado costuma causar problemas. Ele pode levar a comportamentos de risco, como sexo inseguro, uso de drogas ou gastos excessivos. Em um trabalho, analisou-se, do ponto de vista econômico, o comportamento das pessoas levando em conta o otimismo e ficou claro que a intensidade desse traço é importante. Há diferenças marcantes entre o comportamento dos otimistas moderados e o dos exagerados. Os primeiros têm hábitos mais prudentes, e os últimos envolvem-se em comportamentos desastrados, uma vez que não levam em conta os limites aconselháveis. Os estudiosos concluem que o otimismo é como o vinho: doses moderadas diárias são recomendáveis, enquanto o excesso deve ser evitado.

CEGUEIRA AOS VIESES

É interessante destacar que, mesmo depois de tomar conhecimento dos vieses existentes no funcionamento cognitivo humano, as pessoas tendem a acreditar que estão imunes a eles, isto é, que eles afetam apenas os outros indivíduos. Em outras palavras, elas confiam que o seu julgamento é menos suscetível a desvios do que o julgamento alheio.* Também é comum as pessoas afirmarem que estão sendo objetivas, embora observadores externos rapidamente apontem a possibilidade de vieses no seu comportamento. Juízes, professores ou gestores, por exemplo, são muitas vezes apontados como vítimas desse fenômeno. Sem falar de lideranças políticas...

Muitos trabalhos científicos têm mostrado a cegueira para os vieses, não só no campo da vida social, mas também no que diz respeito ao julgamento da conduta pessoal, contexto em que podemos encontrar vieses como o enquadramento, a ancoragem e o viés de confirmação. Eles existem em todas as diferentes populações estudadas, confirmando que saber da sua existência não nos torna imunes, e mesmo as pessoas mais inteligentes não escapam da sua influência.

Como vimos, os seres humanos são propensos a se ver de uma forma positiva e se julgam acima da média, mesmo em face de evidência contrária. Além disso, costumam se aferrar a indícios de confirmação para validar as próprias convicções. Usualmente, as pessoas podem até admitir a própria suscetibilidade a erros em termos gerais, mas têm dificuldade de reconhecê-los em casos específicos. Elas acreditam que o seu envolvimento com determinado assunto é uma fonte de precisão e esclarecimento – "é preciso passar por isso para entender o

---

* Essa falha cognitiva é chamada, em inglês, de *blind-spot bias* (viés do ponto cego), em alusão ao ponto cego que existe na retina: uma região que não tem receptores visuais, porque aí se reúnem as fibras que formam o nervo óptico. Apesar da existência do ponto cego, não há descontinuidade no nosso campo visual, porque o cérebro se encarrega de preencher a lacuna, fazendo com que tenhamos a ilusão de uma visão perfeita.

problema" –, mas costumam ver o envolvimento de quem sustenta uma opinião diferente como resultante de vieses.

Em um estudo realizado com médicos, verificou-se que eles achavam que os colegas eram influenciados pela propaganda dos laboratórios, mas que isso não acontecia consigo mesmos. Em relação aos grupos, também tendemos a achar que o nosso grupo é menos sujeito aos vieses. No caso de partidos políticos, os outros são sujeitos ao fanatismo e à ideologia, o que não acontece com os que estão conosco.

A psicóloga Emily Pronin e seus colaboradores acreditam que a origem da cegueira aos vieses pode ser devida a dois fatores: o realismo ingênuo e a ilusão introspectiva. O realismo ingênuo é a convicção equivocada de que existe uma realidade objetiva no mundo e de que somos capazes de percebê-la e de interagir com ela de forma direta. Não levamos em conta que o conhecimento do mundo é permeado por nossos processos sensoriais e cognitivos e por nossas experiências anteriores, que não são perfeitos. Acreditamos ser capazes de ver o mundo de forma imparcial e então concluímos que, se as outras pessoas fossem isentas, também teriam de ver o mundo de forma semelhante. Tendemos a considerar visões diferentes como fruto de ignorância ou má-fé.

Já a ilusão introspectiva se refere à tendência de darmos crédito irrestrito ao conteúdo dos nossos pensamentos conscientes e àquilo que percebemos como nossos sentimentos, motivações e intenções. Não nos damos conta de que nossos pensamentos não são, necessariamente, fundamentados e confiáveis. Acontece que a maior parte do nosso processamento cognitivo é inconsciente, e não temos acesso real a ele. Em outras palavras, os vieses atuam de modo inconsciente e, portanto, não são acessíveis à introspecção. A introspecção nos dá acesso a nossos conteúdos mentais, mas não aos processos inconscientes que os originam.

Costumamos nos ver à luz de nossos pensamentos, sentimentos, objetivos, receios e expectativas (e outras qualidades não observáveis), mas, como não temos acesso à introspecção alheia, nossa tendência é perceber os outros a partir apenas dos comportamentos que observamos. Daí a desconfiança das opiniões e comportamentos alheios, principalmente quando inferimos que há interesse ou vantagem subjacente. Nesse contexto, é comum concluir que os outros são motivados por interesses subalternos: "Eu me dedico ao trabalho buscando a autorrealização, enquanto eles são motivados basicamente pelo dinheiro".

A tendência das pessoas de negar vieses em si mesmas, ao mesmo tempo que identificam sua presença nos outros, pode ser inócua na maior parte do tempo, mas cria a possibilidade de desentendimentos e antagonismos. Cada um se julga livre de vieses que são facilmente identificados nos outros, e isso leva a sentimentos de hostilidade, desavenças e conflitos. Quando as pessoas acreditam que os outros estão tomados por um viés, elas podem se tornar mais competitivas e agressivas, e o conhecimento de que ninguém está imune a eles pode ser importante para desarmar os espíritos.

Descrevemos até aqui alguns vieses cognitivos mais visíveis ou prevalentes, a fim de demonstrar a presença e a importância desses padrões no cotidiano. No entanto, muitos outros têm sido identificados e descritos pelos estudiosos, em um número cada vez mais expressivo. Essas falhas se contam às dezenas, e os interessados podem procurar conhecê-las (mesmo por meio de uma busca despretensiosa na internet). A existência dos vieses, bem como da cegueira a eles, de modo tão generalizado demonstra como o funcionamento *default* do cérebro, ou seja, o processamento T1, é expressivo no nosso dia a dia – e como, em decorrência disso, podemos agir muito frequentemente de forma irracional. No próximo capítulo, observaremos como pode ocorrer um confronto entre o processamento T1 e o T2 e como isso repercute em nosso comportamento.

EM SÍNTESE

1. Ao longo da evolução animal, o cérebro humano adquiriu módulos de processamento para lidar com situações importantes que se repetem no cotidiano, no intuito de responder a elas de forma heurística e automática. Como o mundo em que vivemos é muito diferente daquele em que viveram nossos antepassados por milhares de anos, esses dispositivos podem levar a decisões inadequadas.

2. Temos aversão a perdas, que são percebidas como ameaças. Segundo a teoria da perspectiva, utilizamos um ponto de referência em situações de incerteza e avaliamos perdas e ganhos em relação a ele, procurando evitar ao máximo o que é percebido como perda.

3. Ligados ao fenômeno da aversão a perdas, podemos identificar dois vieses: o efeito da aquisição, relativo à nossa propen-

EM SÍNTESE

são a valorizar de forma acentuada o que consideramos nossa propriedade, e o viés do *status quo*, que se refere à nossa tendência de permanecer nas condições vigentes a menos que percebamos uma vantagem evidente.

4. Tendemos a classificar e categorizar as informações que recebemos. Isso é útil porque rapidamente podemos chegar a conclusões sobre o que estamos percebendo e escolher uma forma de reagir. Na vida social, essa tendência à categorização, usada de forma automática, pode levar a preconceitos e decisões apressadas, frequentemente equivocadas.

5. Um dos vieses mais prevalentes é o viés do "meu grupo", também chamado de viés do tribalismo. Consideramos, de forma acrítica, que os grupos a que pertencemos são melhores do que aqueles de que não fazemos parte. Esse viés é fonte permanente de confrontos e equívocos que minam a convivência social.

6. Do viés do tribalismo, decorre o viés do conformismo, que também é comum. Devido a esse viés, aceitamos de forma automática o que é sancionado pelo grupo a que pertencemos. O comportamento derivado do conformismo pode chegar a extremos de violência e destruição.

7. Pesquisas têm demonstrado que temos tendência a nos considerarmos acima da média em termos de competência; ao mesmo tempo, nos consideramos menos suscetíveis aos riscos a que estão sujeitas as outras pessoas. Trata-se do viés do otimismo, que pode oferecer algumas vantagens quando é moderado, mas pode ser arriscado quando levado a extremos.

8. Um grande problema em relação à existência dos vieses e desvios cognitivos a que estamos sujeitos é o fato de que geralmente nos consideramos imunes a eles, supondo que afetam apenas as outras pessoas. A cegueira aos vieses é difícil de ser contraposta e pode provocar muitos problemas no cotidiano.

CONFLITO DE PROCESSAMENTOS:
A BATALHA DA FORÇA DE VONTADE

5

> Eu posso resistir a tudo, menos à tentação.
> **Oscar Wilde**

Até aqui, temos visto que dois tipos de processamento cognitivo podem coexistir no nosso cotidiano e sabemos que, na maior parte do tempo, o processamento autônomo (T1) costuma levar vantagem. Mas existem ocasiões em que esses processamentos entram em confronto, de maneira que um ou outro poderá sair vitorioso no final. Muitas vezes conseguimos perceber conscientemente que há uma disputa interna e nos observamos ceder a uma tentação imediata, ou conseguimos pensar melhor e optar por uma conduta capaz de gerar mais benefícios no longo prazo. A esse conflito, o leigo costuma chamar de problema da força de vontade; já os especialistas o denominam autorregulação ou capacidade de autocontrole.

Comer aquela *mousse* de chocolate ou manter firmeza nas regras de alimentação? Usar o cartão de crédito para uma compra por impulso ou poupar para uma eventualidade no futuro? A autodisciplina envolve a capacidade de inibir ou superar comportamentos impróprios, inconvenientes em determinadas circunstâncias ou capazes de gerar consequências desagradáveis no longo prazo. A autorregulação exige atenção voluntária e esforço, daí ser adequado falarmos em força de vontade, pois há realmente uma disputa entre duas forças antagônicas. Uma nos diz o que é razoável fazer (segundo nossos objetivos e valores conscientes), e a outra nos empurra para o que nos dá satisfação imediata. Algumas vezes conseguimos resistir às tentações, mas às vezes o controle é superado por outras forças internas: impulsos de um lado, autodisciplina do outro – o que equivale a processamento T1 *versus* processamento T2. Os impulsos seriam muito convenientes em um mundo em que existisse somente o presente e não houvesse necessidade de considerar o bem-estar de outras pessoas. Acontece, no entanto, que sua satisfação pode ter consequências incômodas ao longo do tempo ou originar problemas na convivência social.

É bom relembrar que o comportamento animal foi moldado, ao longo da evolução, para interagir com o ambiente a fim de satisfazer as necessidades do indivíduo num contexto espacial e temporal limitado. Na maior parte do tempo, ele é regulado pelas circunstâncias do aqui e do agora. Circuitos nervosos especializados detectam a disponibilidade de uma gratificação – alimento, água, parceiro sexual – e providenciam as ações necessárias para a sua obtenção. A evolução levou, então, à seleção de animais preparados para agir de maneira a satisfazer suas conveniências imediatas, sem a preocupação com um futuro mais distante.

O cérebro humano, contudo, tem maior nível de complexidade, e suas regiões mais anteriores, as chamadas áreas pré-frontais, permitem-nos tanto projetar as consequências de nossos atos no futuro quanto planejar avaliando diferentes alternativas que possam nos conduzir aos nossos objetivos, inclusive os de longo prazo. Portanto, no cérebro humano estão presentes os dispositivos primitivos, existentes nos outros vertebrados e voltados à obtenção dos propósitos imediatos, e também um equipamento que permite raciocinar em função de objetivos localizados no futuro mais distante. O dispositivo primitivo se utiliza do processamento T1, e o equipamento mais recente baseia-se no processamento T2. A ação que finalmente será executada vai depender de um processo competitivo nos circuitos cerebrais, de tal forma que "o vencedor leva tudo". Condições externas e internas podem influenciar o grau de ativação de um ou outro desses processamentos, determinando qual será o dominante no momento. Dependendo das circunstâncias, o comportamento pode tender para os padrões deliberativos ou então para o automatismo que sucumbe à tentação.

O fato, no entanto, é que o cérebro tende a valorizar as gratificações imediatas e, quanto maior é o tempo de espera por uma recompensa, menos valor ela parece ter. Uma banana na mão é melhor do que um cacho de bananas do outro lado do rio ou no alto da colina. Ou, como quer o provérbio: "Mais vale um pássaro na mão do que dois voando". Tendemos a pensar em termos de um "desconto" em relação ao futuro: comer, beber, comprar e ceder a outras tentações no presente têm um atrativo muito maior do que o oferecido por esses atos ou suas consequências mais distantes no futuro. A facilidade de usar os cartões de crédito, as vendas a prazo e os anúncios em geral têm um apelo que se sustenta nesse desvio cognitivo.

As teorias econômicas tradicionais propunham que o comportamento das pessoas deveria ser racional e consistente, com os sujeitos procurando sempre obter a vantagem máxima disponível. Contudo, as experiências mostraram que não é bem assim. Se perguntarmos a um grupo de pessoas se elas preferem R$ 1.000,00 daqui a seis meses ou R$ 1.200,00 daqui a sete meses, a maioria irá preferir a quantia maior embora mais distante, o que é realmente mais racional. Se, no entanto, perguntarmos se preferem R$ 1.000,00 agora ou R$ 1.200,00 daqui a um mês, observaremos uma mudança de escolha: a maioria opta pela quantia imediata, ainda que menor. Ocorre uma inversão da preferência, mesmo que o período de espera seja equivalente nos dois casos. Esses achados exigiram uma revisão da teoria econômica, que agora admite que a escolha intertemporal das pessoas obedece a uma curva com um formato hiperbólico, que leva a uma mudança das preferências quando a gratificação se torna muito próxima: a gratificação imediata, ainda que pequena, é preferida a uma gratificação maior um pouco mais afastada no tempo. Pesquisas confirmam esse comportamento não só em humanos, mas também em animais, usando como gratificação suco de fruta, acesso a *videogame*, retirada de barulho intenso e, claro, dinheiro. A curva do desconto hiperbólico pode ser vista na Figura 5.1.

Essa forma de escolha, muito útil ao longo da evolução e na maior parte da existência de nossa espécie, quando o ambiente e o futuro eram bastante incertos, pode ter consequências incômodas no mundo moderno em que vivemos, no qual a disponibilidade de alimentos, os estímulos de natureza sexual e muitos outros bens de consumo são acessíveis na maior parte do tempo. Tornamo-nos a civilização da gratificação imediata, e isso pode resultar em problemas como obesidade, compras impulsivas, vício em *sites* pornográficos da internet, uso contínuo de jogos eletrônicos ou redes sociais informatizadas e mesmo impaciência generalizada, que pode até levar à violência. Uma tentação muito próxima tende a atropelar o processamento deliberativo do córtex pré-frontal e facilitar o processamento cognitivo autônomo, que conduz à impulsividade.

Uma escolha feita ou uma decisão tomada podem ser superadas por outras em pouco tempo se estas forem muito atraentes por seu imediatismo. Pode-se decidir fumar um cigarro ou comprar impulsivamente, embora a opção cons-

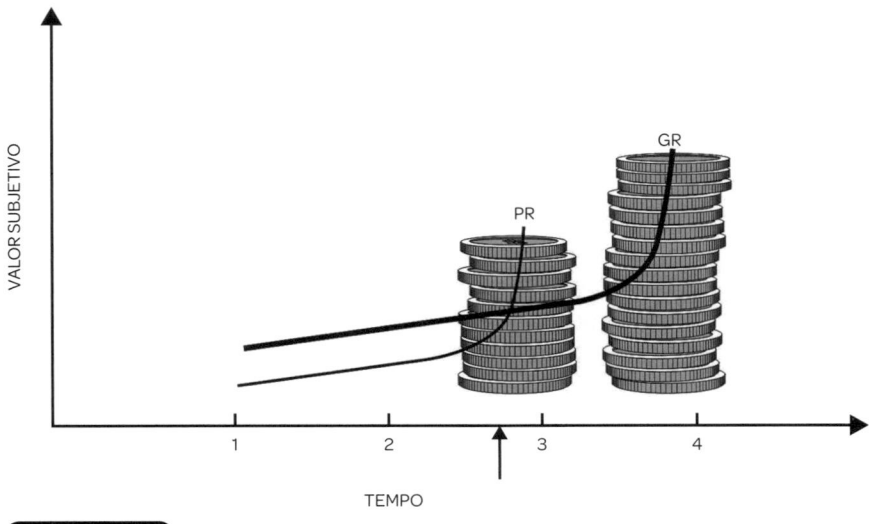

FIGURA 5.1

Uma pequena recompensa (PR) a ser recebida em um momento anterior a uma recompensa maior (GR) é percebida como menos valiosa até que esteja suficientemente próxima no tempo, quando a percepção se inverte (seta) e ela passa a ser considerada mais desejável.

ciente anterior tenha sido evitar tais comportamentos. Uma forma de autorregulação envolve prever essas possibilidades e evitar a proximidade das tentações, ou então planejar para que elas não prevaleçam. A segunda tática foi utilizada, por exemplo, na *Odisseia* de Homero, em que Ulisses se amarra ao mastro do seu navio para poder resistir à tentação fatal do canto das sereias.

O desconto intertemporal também parece estar por trás de outro comportamento muito comum, a procrastinação, isto é, a tendência muito forte que temos de protelar as tarefas que deveriam ser feitas em um futuro previsível. As famosas "resoluções de Ano-Novo" tendem a falhar em razão disso. Embora tenhamos decidido iniciar um programa de exercícios ou mudar nossos hábitos alimentares, tarefas que são consideradas difíceis, pouco agradáveis ou que requerem esforço tendem a ser substituídas por gratificações imediatas, como ficar em frente à televisão, tomar um sorvete ou navegar na internet.

O desconto hiperbólico é uma das explicações da grande dificuldade para que se tomem decisões e se implementem as ações necessárias para corrigir as crescentes ameaças representadas pelo aquecimento global e pela progressiva destruição dos recursos naturais em nosso planeta. Salvar vidas daqui a 50 ou 100 anos é um objetivo muito distante, facilmente suplantável pelos benefícios do consumo e do lucro imediatos.

Em muitas circunstâncias, somos capazes de regular nosso próprio comportamento de acordo com objetivos, crenças e valores conscientes. Mas, como os processamentos T1 e T2 estão em disputa, diversos fatores podem desequilibrar o embate, levando ao triunfo de um deles. Para o sucesso do processamento T2, as regras mais importantes parecem ser a motivação para se autorregular, a manutenção da consciência e o cuidado em analisar, utilizando a atenção voluntária, as alternativas e consequências de longo prazo. A regulação bem-sucedida depende do controle exercido pelo córtex pré-frontal – responsável pelo funcionamento da chamada atenção executiva e da memória operacional – sobre outras estruturas cerebrais envolvidas nos processos automáticos da gratificação.

O processamento impulsivo, por sua vez, tende a dominar em outras circunstâncias, como em condições de sobrecarga e esgotamento dos recursos cognitivos, quando estamos cansados, quando há urgência temporal ou na presença de emoções negativas e estresse. Tentações muito apelativas (uma comida favorita, disponibilidade de sexo) ou a desregulação do funcionamento frontal (drogas, álcool, lesão cerebral) são fatores que podem interferir. Há perigo de haver falha na força de vontade quando esses fatores de risco estão presentes ou quando as pessoas são impulsivas, carentes de habilidades autorreguladoras.

O psicólogo americano Roy Baumeister e seus colaboradores sugerem que o autocontrole funciona como um músculo, que exige energia para entrar em ação e que pode se cansar devido ao exercício, mas que também pode ser treinado pelo uso constante. Seus experimentos demonstram que, quando as pessoas se envolvem por um tempo prolongado em uma tarefa que exige autodisciplina, elas têm dificuldade de manter o autocontrole em novas tarefas, ainda que não relacionadas. No laboratório, os pesquisadores solicitavam, por exemplo, que os sujeitos assistissem a um filme com grande carga emocional procurando controlar ao máximo suas emoções, depois solicitavam que eles segurassem, durante o tempo que suportassem, um dispositivo que media a força da sua preensão manual. Verificaram que eles desistiam dessa segunda tarefa muito mais rapidamente do que outras pessoas que tinham acabado de ver o mesmo filme, mas de forma relaxada. Em outro experimento, pediam que os sujeitos se abstivessem, durante algum tempo, de comer chocolates que estavam sobre a mesa e logo depois forneciam uma tarefa desagradável. Da mesma forma, verificaram que os participantes desistiam de realizar essa tarefa mais rapidamente do que outras pessoas submetidas a uma situação semelhante, mas que tinham sido autorizadas a comer os chocolates à vontade.

É por isso que, na vida diária, por exemplo, o esforço para não fumar pode fazer com que a pessoa aceite uma sobremesa que normalmente recusaria, ou o empenho em controlar as emoções pode levar a uma compra por impulso que em outras circunstâncias seria evitada. Tudo o que leva a resistir a um desejo, evitar a distração ou aumentar a concentração contribui para a exaustão da força de vontade. Existem mesmo evidências de que lidar com o autocontrole é mais difícil no final do dia do que na parte da manhã, quando estamos mais repousados.

O processamento T2, como sabemos, gasta mais recursos, e as atividades de autodisciplina necessitam de algum suprimento energético para serem mantidas. Alguns experimentos sugerem que o autocontrole carece de uma fonte de energia, que é dependente da glicemia (o nível de glicose circulante). Atos de autocontrole prolongados parecem ser capazes de exaurir a energia necessária para o seu desempenho, prejudicando os esforços para exercer a autodisciplina, mesmo em tarefas não relacionadas.

Todas as atividades cerebrais exigem a presença constante de glicose, que é o combustível das células neuronais. O funcionamento das estruturas cerebrais depende desse açúcar a tal ponto que o consumo intensivo pode levar a níveis insuficientes para o bom desempenho cognitivo. A autorregulação é suscetível à glicose presente no cérebro, e podem ocorrer falhas no seu funcionamento quando a glicemia está baixa ou quando a glicose não é metabolizada de forma adequada. Parece ser essa a explicação para o aparecimento de um "esgotamento cognitivo", ou uma "fadiga de decisão", nas pessoas que exercem a autodisciplina durante um tempo prolongado ou estão carentes de alimentação.

O cérebro, quando afetado pela escassez de energia, reage optando pelo funcionamento mais econômico, ou seja, o funcionamento autônomo. Nada de usar o processamento mais caro, que exige maior consumo de glicose, nada de utilizar o T2. O resultado é que, estando com fome, por exemplo, as pessoas ficam mais suscetíveis a comportamentos indesejáveis, como comprar por impulso, investir de forma inadequada, reagir de forma agressiva, comprar bilhetes de loteria ou até trair o cônjuge.

As situações de estresse – ansiedade, raiva, depressão, dor ou doenças crônicas, por exemplo – também costumam levar à supremacia do processamento autônomo. O estresse, é bom lembrar, aparece em ocasiões em que ocorre um desafio para o organismo, e sua presença desencadeia reações fisiológicas que são adaptativas e ajudam na sobrevivência dos organismos. As situações crônicas de estresse é que são prejudiciais e precisam ser evitadas.

Nossos antepassados, nos tempos pré-históricos, estavam sujeitos a situações de estresse que poderiam facilmente levar à morte prematura. Um encontro com um carnívoro selvagem, por exemplo, era uma dessas situações. Numa ocasião como essa, desencadeia-se no organismo a chamada reação de emergência, na qual várias alterações fisiológicas preparam o indivíduo para "lutar ou fugir". O coração e a respiração se aceleram, as pupilas se dilatam, as vísceras e a pele recebem menos sangue, que é desviado para os músculos e para o cérebro, e assim por diante. Em situações como essa, é importante agir de forma rápida e espontânea, pois a demora nas respostas pode ser fatal. Daí o cérebro estar programado para preferir o processamento T1 em momentos de estresse: as porções mais antigas do cérebro são ativadas, enquanto o córtex pré-frontal é inibido.

Quando estamos estressados, ficamos mais suscetíveis à tentação. O estresse aumenta o risco de recaída entre fumantes, alcoólatras e viciados em drogas (sem falar nos que fazem dieta). As pessoas costumam reagir a ele com comportamentos como comprar, fumar, comer, beber, navegar na internet ou jogar *videogame*, atividades que na verdade não contribuem para aliviá-lo, mas ativam os circuitos de gratificação no cérebro (ver o Capítulo 8). Para lidar de forma efetiva com o estresse, paradoxalmente, é importante desenvolver a habilidade de autorregulação. O exercício físico, o bom sono, a alimentação equilibrada e o contato social são atividades que melhoram a "reserva" de força de vontade. Há também evidências de que a meditação e o ioga podem contribuir para aumentar a capacidade de autorregulação e diminuir o estresse.

Um aspecto interessante a destacar é que, diferentemente do que ocorre nas situações de estresse, pode haver um desequilíbrio que leva à rendição às tentações quando as pessoas estão com a autoestima elevada, quando estão bem consigo mesmas. Nesse caso, há uma tendência a relaxar a atenção e confiar nos próprios impulsos, com o risco de liberar comportamentos inadequados. Aqui, não ocorre real perda de controle, mas parece haver a escolha de ceder às tentações. Os pesquisadores consideram que nesses casos ocorre uma "licença moral". Estudos mostram que, se as pessoas são lembradas de ocasiões em que foram generosas ou politicamente corretas, elas tendem, em seguida, a dar menos dinheiro para uma causa social, ou se dispensar de atuar como voluntárias em um programa comunitário. Em outro exemplo, estudantes cumprimentados por sua dedicação ao estudo se permitiam passar algum tempo na ociosidade.

Esse fenômeno também tem aplicações na área mercadológica. Por exemplo, em um estudo conduzido nos Estados Unidos, os pesquisadores pediram aos sujeitos, como primeira tarefa, que imaginassem que fizeram trabalho voluntário por algum tempo. Em seguida, numa segunda tarefa, pediram que eles imaginassem que estavam em um *shopping center* em que podiam escolher entre comprar um *jeans* de grife ou um eletrodoméstico do mesmo preço. A maioria optou pelo primeiro item, enquanto em um grupo de controle, que havia recebido apenas a segunda tarefa, a escolha do item sofisticado foi significativamente menor. Os mesmos pesquisadores, em continuação ao estudo, sugeriram aos sujeitos que eles haviam recebido uma devolução do seu imposto de renda. No grupo de controle, essa era a única informação fornecida, mas no segundo grupo acrescentava-se que eles tinham decidido doar 20% do que haviam recebido para uma instituição de caridade. Em seguida, os participantes dos dois grupos eram convidados a considerar a possibilidade de gastar parte do que haviam recebido para comprar óculos escuros, e havia duas opções de produto, um deles bem mais caro e sofisticado. Mais uma vez, os sujeitos do grupo que "havia doado" anteriormente escolhiam com uma frequência muito maior os óculos mais dispendiosos.

Parece que o que está por trás desse comportamento é o desvio cognitivo do enquadramento (*framing*), visto no Capítulo 3. As pessoas, quando se julgam virtuosas ou muito eficientes, são levadas a pensar em uma recompensa para essa qualidade e se esquecem ou se desviam dos objetivos envolvidos em um comportamento mais racional. É aqui que surge o conhecido argumento "Eu mereço!", que, justificado ou não, absolve de sentimentos de culpa quem resolveu ceder aos apelos da tentação.

A força de vontade é variável entre os indivíduos, e a capacidade de autorregulação demora algum tempo a se desenvolver nas crianças. As regiões pré-frontais do cérebro têm um amadurecimento lento, e isso explica por que são necessários alguns anos até que possamos administrar plenamente essas habilidades. Alguns estudos que acompanharam crianças desde os primeiros anos até atingirem a idade adulta têm mostrado que aquelas que podem controlar melhor suas emoções, sua atenção e sua conduta não só têm mais chances de atingir os próprios objetivos, como costumam se sair melhor em muitos aspectos da vida. Elas conseguem alcançar um melhor nível educacional e uma melhor situação econômica, costumam ter menos problemas de saúde, envolvem-se menos em dificuldades como o uso de drogas ou transgressões legais e têm melhores relações sociais e profissionais. Essas pessoas também lidam melhor com o estresse, com os conflitos internos e externos e com as adversidades de maneira geral. Portanto, a habilidade de autorregulação é bastante desejável.

Os pesquisadores desse assunto concordam que a capacidade de autodisciplina tem um componente genético, mas é também influenciada por fatores ambientais. A capacidade de regular os impulsos e postergar as gratificações é básica para o bom convívio social e pode ser considerada um dos fundamentos do processo civilizatório. Por isso, a educação dos jovens deveria privilegiar o desenvolvimento dessa capacidade, utilizando estratégias que a monitorem e aprimorem de maneira contínua. Alguns problemas que observamos na sociedade contemporânea – como o aumento da violência nas escolas – têm como componente importante de sua origem a negligência desse aspecto da educação infantil.

É preciso levar em conta, quando tratamos da força de vontade, que o comportamento racional é aquele que propicia aos indivíduos a melhor consecução dos seus objetivos. E nem todos os objetivos na vida são metas de longo prazo. É importante poupar para a aposentadoria, mas também é importante gozar de bons momentos com a família e com os amigos no dia a dia. Da mesma forma, uma alimentação saudável é desejável, mas isso não deve impedir que desfrutemos ocasionalmente de guloseimas que nos dão prazer. Os gastos envolvidos e as calorias absorvidas são plenamente justificáveis, uma vez que esses pequenos prazeres – as emoções positivas envolvidas – é que dão colorido e sentido à existência, sendo também objetivos que merecem ser considerados.

Da mesma forma, comportamentos aparentemente racionais podem perder esse sentido quando desviados dos objetivos originais. Nesse contexto, é bom lembrar Konrad Lorenz (vencedor do Prêmio Nobel de Medicina em 1973), que afirmava que poucas coisas são mais disfuncionais do que o ritmo de trabalho do homem moderno. Esse é um bom exemplo de como um meio pode passar a ser confundido com um fim em si mesmo e de como um comportamento que seria racional deixa de sê-lo por tornar-se um hábito (ou mesmo uma obsessão) que, na verdade, não resiste à análise de um raciocínio mais deliberativo.

No próximo capítulo, veremos como surgiu na sociedade tecnológica moderna a necessidade de aprender certas habilidades derivadas do conhecimento científico e do raciocínio lógico, que são atributos do processamento T2. Sem essa capacidade de raciocínio crítico, enfrentamos dificuldades e ameaças à sobrevivência no ambiente sofisticado em que vivemos.

EM SÍNTESE

1. Existem ocasiões em que os dois tipos de processamento cognitivo (T1 e T2) disputam o controle de nossa conduta, originando o problema da força de vontade, com o qual precisamos lidar para que os objetivos mais adequados possam ser alcançados.

2. Ao longo da evolução biológica, o cérebro foi moldado para valorizar as gratificações imediatas, e isso é o que observamos nos animais de maneira geral. No cérebro humano, desenvolveram-se novas estruturas que permitem avaliar alternativas de forma deliberativa tendo em vista objetivos de longo prazo.

3. Ainda assim, as tentações de curto prazo são muito atraentes e costumam ser preferidas se não prestamos atenção de forma voluntária aos nossos processos cognitivos, se não acionamos e privilegiamos o processamento T2.

4. A autorregulação gasta energia e torna-se mais difícil, por exemplo, quando exaurimos recursos por exercermos a autodisciplina por tempo prolongado, ou quando estamos carentes de alimentação. Nesse caso, o processamento T1 leva vantagem, pois é o que gasta menos energia.

5. As situações de estresse requerem respostas imediatas, e o processamento T1 é mais rápido, levando vantagem nesses casos. À mercê desse processamento, tornamo-nos mais impulsivos e mais suscetíveis às tentações como comer, beber, fumar, etc.

6. Há evidências de que a habilidade de autorregulação é muito importante para vários aspectos do sucesso na existência e para o bem-estar físico e mental. A capacidade de autorregulação é variável entre as pessoas, mas pode ser desenvolvida por treinamento voluntário, o que deveria ser privilegiado no processo educacional. Nesse contexto, é importante treinar a atenção executiva, controlada pela região pré-frontal do cérebro.

APRENDER É PRECISO:
PROBABILIDADE, CAUSALIDADE E LÓGICA

6

> Tudo que nos dá novos conhecimentos nos traz a oportunidade de ser mais racionais.
> **Herbert Simon**

Ao longo dos capítulos anteriores, vimos como o cérebro humano está sujeito a falhas e vieses cognitivos decorrentes do seu desenvolvimento evolutivo. Em ambientes simples e não hostis, o processamento heurístico (T1) costuma ser satisfatório e atender às necessidades cotidianas, mas atualmente é preciso utilizar o processamento T2 com cada vez mais frequência.

No mundo tecnológico moderno, muitas vezes temos de raciocinar utilizando conhecimentos e regras que nossos antepassados desconheciam. Decisões inadequadas podem decorrer da ignorância de preceitos e estratégias do pensamento deliberativo, como os raciocínios probabilístico e lógico. Por isso, é importante que os jovens aprendam esses preceitos e estratégias no processo educacional. Contudo, é bom lembrar que mesmo as pessoas que possuem esses conhecimentos podem deixar de utilizá-los devido à avareza cognitiva (tendência de se contentar com o processamento T1), ficando então sujeitas a raciocínios e condutas não racionais.

PROBABILIDADE

Eventos aleatórios acontecem a todo momento e, sendo pouco compreendidos, muitas vezes são tidos como misteriosos. Costumamos explicá-los tentando atribuir a eles uma causa (ainda que inexistente), ou então nos deixamos invadir por sentimentos supersticiosos. Isso ocorre porque nossos processos mentais não são preparados para raciocinar com clareza sobre o acaso e a aleatoriedade. Como temos essa deficiência natural, uma visão mais precisa sobre esses fenômenos cotidianos só será possível se conhecermos um pouco da teoria da probabilidade. Sem uma aprendizagem adequada, não conseguiremos enxergar o mundo em termos probabilísticos e deixaremos de aplicar o processamento T2 onde ele é necessário, ficando presos às sugestões heurísticas decorrentes do processamento T1.

Vamos imaginar que uma moeda é jogada seis vezes sucessivas. Dos resultados a seguir, qual é o mais provável?

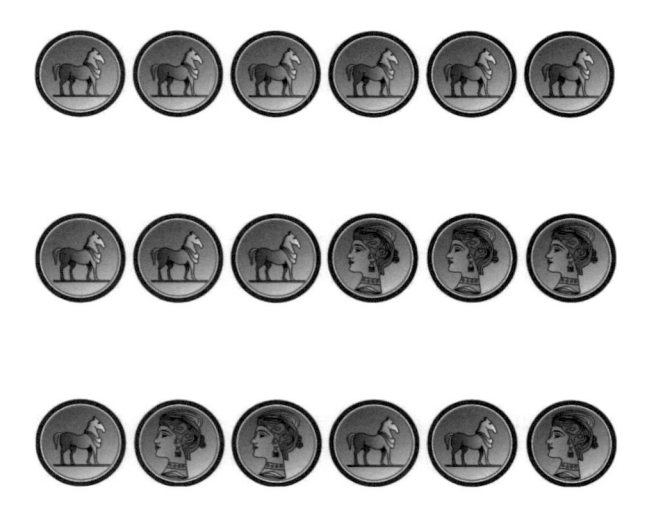

A maioria das pessoas escolhe a terceira opção, quando, na verdade, todas elas têm a mesma probabilidade de ocorrer. As duas primeiras parecem ter uma regularidade, que sugere um arranjo intencional, enquanto a terceira tem mais alternância entre as duas possibilidades (cara e coroa), e é isso o que esperamos quando jogamos uma moeda sucessivamente, pois essa é a ideia que temos do acaso, da casualidade.

Entretanto, se a moeda não for viciada, a probabilidade de que saia cara ou coroa em cada uma das jogadas individuais é de 50% (ou 1/2), e cada uma das sequências mostradas tem a mesma probabilidade de ocorrência, que é de 1/64 – uma chance para cada 64 vezes que jogamos a moeda seis vezes sucessivas.*

Muitas vezes, o que parece aleatório para nós na verdade não o é, e vice-versa. Nossa compreensão intuitiva da probabilidade simplesmente é falha. Aliás, a teoria matemática da probabilidade é recente, pois só foi desenvolvida nos séculos XVII e XVIII. Antes disso, a ignorância dos seus processos era total, mesmo porque, na Antiguidade, as pessoas acreditavam na intervenção contínua dos deuses nas atividades humanas, portanto os fenômenos inesperados não precisavam ser compreendidos de outro modo. Mas o conhecimento da probabilidade é um instrumento importante: ele nos permite descrever o mundo, ou as nossas crenças sobre o que ocorre no mundo, de uma forma que confere a ele certa regularidade e previsão.

É importante lembrar que a ciência não prescreve a existência de um mundo regulado pelo acaso.** Pelo contrário, a abordagem científica nos leva a admitir que todos os eventos que observamos são produzidos por processos deterministicos que obedecem às leis descritas pela física. Aqueles eventos que denominamos probabilísticos – dependentes da sorte ou do acaso – também têm causas, mas elas são complexas, difíceis de determinar pelos indivíduos que os observam.

Por exemplo, não somos capazes de explicar por que determinada bola com determinado número foi sorteada dentre as muitas presentes na gaiola durante o sorteio de uma loteria. No entanto, acreditamos que, se tivéssemos acesso a todas as informações necessárias, poderíamos descrever as causas físicas que determinaram a saída daquela bola específica. Como não dispomos de todas essas informações, a teoria da probabilidade nos permite lidar com essa e outras situações de incerteza, ajudando-nos a compreender o que esperar de vários acontecimentos com que nos deparamos no cotidiano.

---

* O cálculo seria: ½ × ½ × ½ × ½ × ½ × ½ = 1/64.
** Estamos nos referindo, naturalmente, ao mundo macroscópico que nos cerca. A situação é diferente quando se trata dos domínios da física quântica, em que a probabilidade é soberana.

Devido ao desconhecimento da aleatoriedade, é comum pessoas tratarem eventos casuais como se pudessem controlá-los ou como se dependessem de habilidades pessoais. No lançamento de dados, por exemplo, eles são lançados suavemente para a obtenção de números baixos ou mais firmemente para que saiam números altos. Além disso, os sujeitos acreditam que o treino e a concentração têm influência nas jogadas. Esse tipo de crença ocorre até mesmo em loterias, cujo resultado é visivelmente aleatório: as pessoas têm mais fé, por exemplo, em bilhetes cujo número elas escolheram do que em bilhetes que tenham recebido de terceiros. A maioria desses experimentos foi feita com pessoas de bom nível intelectual, estudantes de universidades norte-americanas.

A incompreensão das leis da probabilidade também está por trás da maneira como lidamos com as coincidências. Carl Jung (1875-1961), o famoso psicólogo suíço fundador da psicologia analítica, acreditava em fenômenos desse tipo, para os quais cunhou o conceito de sincronicidade. Muita gente admite, por exemplo, que acidentes aéreos costumam acontecer em séries. No entanto, uma pesquisa que verificou as ocorrências desses desastres nos Estados Unidos entre 1950 e 1970 concluiu que eles se ajustavam perfeitamente ao que deveria ser esperado pelo acaso. Na verdade, as séries eventualmente acontecem (de maneira aleatória), e é mesmo inevitável que elas aconteçam se o tempo considerado for longo o suficiente. Elas apenas nos chamam a atenção, de modo que buscamos uma causa que as justifique, que não existe. A compulsão a encontrar uma causa para o que observamos é a origem da popularidade de teorias conspiratórias, que se espalham com facilidade, pois são congruentes também com os vieses da crença e da confirmação, que já conhecemos.

Examinaremos a seguir alguns desvios comuns de nossa maneira de pensar que são decorrentes do desconhecimento ou da falta de atenção às probabilidades.

FALÁCIA DO JOGADOR (ILUSÃO DO JOGADOR)

Já relatamos a dificuldade de identificar uma sequência aleatória, principalmente se ela não se encaixa no estereótipo que temos dos processos regulados pelo acaso. No exemplo citado, se jogamos uma moeda seis vezes e em todas elas obtemos coroa, nossa sensação é de que aumenta a probabilidade de que, na próxima jogada, saia uma cara. Isso é o que se chama de ilusão ou falácia do jogador: a tendência a acreditar que a sorte se modifica se um evento probabilístico não ocorreu durante algum tempo. Entretanto, uma moeda não tem memória, e cada jogada é um evento independente, com a mesma probabilidade (50%) de mostrar cara ou coroa. A falácia do jogador é um engano muito generalizado, como podemos comprovar semanalmente nos jornais que publicam, por exemplo, os números menos sorteados da Mega-Sena.

A falácia do jogador está ligada a um conhecimento intuitivo da chamada lei dos grandes números, proposta por Daniel Bernoulli (1700-1782) no século XVIII. Essa lei prevê que os resultados obtidos em uma sequência de eventos irão se aproximar da probabilidade esperada à medida que temos um número maior de resultados. Se jogarmos uma moeda 10 vezes, será menos provável que tenhamos resultados divididos igualmente entre cara e coroa do que se a jogarmos 10 mil vezes, pois, em uma sequência pequena, grandes desvios costumam ocorrer. Portanto, se jogamos uma moeda 100 vezes e obtemos 41 caras, não devemos esperar que a moeda "compense" esse resultado nas jogadas subsequentes, apresentando um maior número de coroas. No entanto, nosso raciocínio intuitivo nos leva exatamente a essa expectativa, que constitui a ilusão do jogador.

LEI DOS NÚMEROS PEQUENOS

A crença de que uma amostra pequena irá refletir com precisão as frequências que esperamos é tão generalizada que Kahneman e Tversky, sarcasticamente, chamaram-na de lei dos pequenos números. Um bom exemplo é o problema dos dois hospitais, proposto por esses pesquisadores:

> Em um hospital, ocorrem cerca de 45 nascimentos por dia; em outro, menor, há 15 nascimentos diários. No período de um ano, nascem em ambos aproximadamente 50% de meninos e 50% de meninas. Em qual dos dois é mais provável haver dias em que nascem 60% de meninos?

Geralmente as pessoas respondem que a probabilidade é a mesma para os dois hospitais. Contudo, essa ocorrência é duas vezes mais frequente no hospital pequeno, pois em sequências menores a frequência esperada sofre mais variações.

Outro exemplo ilustrativo: um levantamento sobre a incidência de câncer de rins em uma extensa região dos Estados Unidos mostra que ela é menor em algumas zonas rurais. Como temos a tendência de atribuir causas aos eventos que observamos, é tentador pensar que isso se deve ao estilo de vida das áreas rurais, à pouca poluição do ar e da água, aos alimentos sem aditivos, etc. Contudo, o mesmo estudo mostra que a incidência de câncer de rins é mais alta também em algumas zonas rurais. Outra vez, podemos pensar que isso se deve a causas determinadas, como a pobreza da população rural, a dificuldade de acesso a cuidados médicos, o excesso de consumo de álcool ou fumo, etc. Mas o que ocorre na verdade é um fenômeno aleatório, que tem explicação sem que tenha causas imediatas. Simplesmente, amostras pequenas, como as observadas nas áreas rurais pouco populosas, tendem a variar mais, e aí aparecem os desvios. No longo prazo, a incidência maior num período é compensada pela incidência menor em outro período, e a irregularidade desaparece (ver, mais adiante, o fenômeno da regressão à média). Mais uma vez, resultados extremos, baixos ou altos, costumam ser mais observados em amostras pequenas, e não há causas para isso: são artefatos estatísticos.

A lei dos pequenos números tem implicações importantes no cotidiano, pois as pessoas costumam tirar conclusões e tomar decisões a partir de observações esparsas e insuficientes. Se tomamos conhecimento de que algumas pessoas se curaram ingerindo um remédio recomendado pela vizinha ou pelas redes sociais, nossa tendência é pensar que a droga é eficiente, embora o resultado possa ter sido obra do acaso. Para que conclusões mais precisas possam ser alcançadas, é necessário um grande número de observações – nesse caso, com a presença de um grupo de controle, em que a droga não tenha sido administrada. Acontece que os vieses da crença e da confirmação fazem com que as pessoas resistam a admitir que estão equivocadas.

Mesmo pesquisadores, que supostamente conhecem os fundamentos da estatística e da teoria da probabilidade, com frequência fazem trabalhos científicos em que a amostra é muito pequena para que conclusões confiáveis sejam obtidas. É realmente importante ter isso em mente ao considerarmos outras situações, como a interpretação e a representatividade das pesquisas de opinião pública. Pequenos grupos ou amostras não consistentes podem levar a conclusões totalmente enganosas, muitas vezes manipuladas segundo interesses particulares.

REGRESSÃO À MÉDIA

É bastante comum que as pessoas atribuam uma origem causal a processos casuais, ou seja, devidos essencialmente ao acaso. Acontece que, em séries com um componente aleatório, sempre que ocorre um evento excepcional, muito bom ou muito ruim, a tendência é de que na próxima vez ele não se repita e ocorra uma volta à situação mais corriqueira ou usual. É a isso que se chama regressão à média, um fenômeno comumente observado, mas que temos dificuldade em reconhecer como decorrente de processos aleatórios.

Um exemplo que observamos com frequência é a "boa fase" (ou "má fase") de jogadores ou equipes esportivas em determinado momento. É claro que jogadores mais talentosos ou equipes mais bem formadas têm, em média, um desempenho melhor. No entanto, como as diferenças geralmente não são muito significativas e outros fatores estão envolvidos, o acaso tem um papel importante nas competições esportivas. Estudos estatísticos que examinaram o desempenho de jogadores de basquetebol nos Estados Unidos ao longo do tempo mostraram que os resultados são essencialmente aleatórios. Os resultados muito bons ou muito ruins tendem a se compensar, com predomínio dos resultados medianos ao longo do tempo. Todavia, a imprensa especializada, os críticos esportivos e o torcedor comum costumam encontrar causas específicas para os resultados que se destacam, os quais podem levar à glorificação momentânea de equipes e atletas ou, por outro lado, ocasionar a demissão sumária de treinadores.

Um exemplo da regressão à média citado na literatura é o relato de alguns treinadores de voo israelenses: segundo eles, sempre que um dos alunos realizava uma manobra excelente, ele era elogiado, e, na vez seguinte, a mesma manobra era pior. Por outro lado, quando a manobra era deficiente, os treinadores repreendiam imediatamente o aluno e, em seguida, observavam um desempenho melhor. Por isso, eles concluíram que as punições funcionavam melhor do que as recompensas. Mas a variação no desempenho, na verdade, nada tinha a ver com as punições ou recompensas e somente obedecia à lógica da regressão à média: os resultados extremos tendem a retornar ao desempenho habitual.

Esse fenômeno foi inicialmente descrito por Francis Galton (1822-1911), um cientista versátil em muitas áreas do conhecimento e o primeiro a aplicar conceitos estatísticos ao estudo de algumas diferenças encontradas entre seres humanos. Ele observou que os filhos de pais muito altos tendiam a ser, em média, um pouco mais baixos do que os seus genitores (e que os pais de filhos altos, em média, também eram um pouco mais baixos do que seus filhos, do que se pode concluir pela ausência de uma relação de causa e efeito). A partir daí, ele desenvolveu a seguinte noção: em medições correlacionadas, se uma medida estiver muito longe da média, a tendência é de que as medições seguintes se aproximem dela.

A regressão à média está presente em toda parte: a exemplo do que ocorre com a altura, os testes de inteligência dos filhos de pais com alto quociente de inteligência (QI) também tendem para a média. Essa tendência pode ser observada, mais corriqueiramente, na qualidade das refeições servidas em determinado restaurante ao longo do tempo. Empresas com muito sucesso em determinada época tendem a ter desempenho mais ordinário em seguida. No mercado de ações, a regressão à média ocorre com frequência, com notáveis variações aleatórias. No entanto, esse fenômeno continua largamente desconhecido – ou incompreendido – e dá margem a explicações causais por muitos "especialistas" que vemos a todo momento nos meios de comunicação.

A mesma situação também tem implicações importantes na clínica médica. Frequentemente, melhoras ou pioras nos sintomas de uma enfermidade ocorrem por simples regressão à média. Na medicina baseada em evidências, são essenciais a observação de uma amostra adequada de casos e a presença de um grupo de controle para avaliar os reais efeitos de uma intervenção.

FALÁCIA DA CONJUNÇÃO

A falácia da conjunção é um erro de avaliação probabilística que admite que a ocorrência de dois eventos conjugados pode ser mais frequente do que a sua ocorrência individual: é mais provável que chova amanhã ou que chova e baixe a temperatura? Seguramente, a primeira hipótese é a mais provável.

Esse desvio também foi descrito inicialmente por Tversky e Kahneman, e o problema proposto em seu experimento tornou-se um clássico, ainda hoje muito citado. Nele, eles apresentavam aos sujeitos a história de Linda:

> Linda tem 31 anos, é solteira, muito franca e inteligente. Graduou-se em filosofia. Como estudante, era muito preocupada com as questões de discriminação e justiça social e participava de manifestações contra as armas nucleares.

> O que é mais provável?

> **a** Linda participa do movimento feminista.
> **b** Linda é bancária.
> **c** Linda é bancária e participa do movimento feminista.

A grande maioria (87%) dos interrogados respondia que era mais provável que Linda fosse uma bancária feminista do que simplesmente uma bancária. Essa resposta, no entanto, é descabida, pois necessariamente existem mais bancárias do que bancárias feministas, uma vez que há bancárias que não são feministas.

Considerar mais provável a alternativa de Linda ser uma bancária feminista viola uma das leis básicas da probabilidade, que afirma: a probabilidade de que dois eventos ocorram nunca pode ser maior do que a probabilidade de que cada evento ocorra isoladamente.* Quando se especifica determinado evento com maiores detalhes, isso tem como consequência a diminuição da sua probabilidade. À pesquisa original daqueles pesquisadores, seguiram-se muitas outras demonstrando que essa falha de raciocínio é bastante comum, mesmo entre sujeitos conhecedores da teoria da probabilidade.

O nome "falácia da conjunção" foi escolhido para descrever os casos em que as pessoas julgam que a conjunção de dois eventos é mais provável do que a ocorrência de apenas um deles, embora talvez a denominação mais adequada fosse "erro da probabilidade de conjunção".

Quando temos acesso a muitos detalhes compatíveis com nossas crenças, quando estamos diante de uma boa história, aceitamos uma situação como mais plausível ou mais provável. Nosso cérebro não foi programado para lidar com probabilidades, por isso a falácia da conjunção tem repercussões na vida cotidiana: histórias mais completas, minuciosas ou sensíveis tornam-se, automaticamente, mais aceitáveis e influentes. Os seres humanos são contadores de histórias, e nós as consumimos desde a mais tenra infância. Tendemos a acreditar nelas, que têm um apelo para o nosso funcionamento emocional. Na propaganda, por exemplo, a adição de detalhes irrelevantes, mas convincentes, pode contribuir para criar uma preferência e uma compra impulsiva. Advogados que criam uma história detalhada podem torná-la mais persuasiva e capaz de influenciar um júri, mesmo em face de evidências divergentes e significativas para um raciocínio de fato racional.

---

* É simples aritmética: chance de que A ocorra = chance de que A e B ocorram + chance de que A ocorra e de que B não ocorra.

PROBABILIDADE CONDICIONAL (TEORIA DE BAYES)

Outro desvio decorrente de nossa dificuldade de raciocinar em termos probabilísticos tem a ver com a probabilidade condicional: o que acontece com a chance de ocorrência de um evento quando ele se dá na presença de outros eventos que podem interferir? A forma de calcular essas probabilidades foi proposta há bastante tempo por Thomas Bayes (1701-1761), mas ainda é pouco compreendida pelas pessoas, mesmo nos dias de hoje.

A estatística bayesiana fornece as regras pelas quais as pessoas devem mudar suas crenças a partir do aparecimento de novas evidências. Precisamos fazer isso a todo momento, mas nossa intuição é geralmente falha, pois a lógica requerida não é comum no funcionamento de nosso cérebro.

Vejamos, como exemplo, o problema dos táxis:

> Em uma cidade, existem duas companhias de táxis, os Táxis Azuis, que equivalem a 85% do total, e os Táxis Verdes, com 15% do total. Houve um acidente com um táxi que fugiu do local, e uma testemunha afirma que ele era verde. Por meio de testes, verificou-se que essa testemunha podia identificar corretamente a cor do carro (levando em conta a iluminação do local do acidente) em 80% das vezes – ou seja, em 20% dos casos ela poderia identificar como verde um carro azul. Qual é a probabilidade de que o carro envolvido no acidente seja realmente verde?

Na ausência da testemunha, o dado importante seria a proporção entre os táxis: haveria 15% de probabilidade de que o culpado fosse verde. Se houvesse o mesmo número de táxis de cada cor, o dado relevante seria o da testemunha: haveria 80% de chance de o culpado ser verde. Pelas regras bayesianas, os dados precisam ser combinados, e a resposta correta se torna 41%. Mas, quando indagadas, as pessoas geralmente pensam na testemunha e ficam com a probabilidade de 80%. O resultado correto é diferente porque, apesar de a testemunha acertar na maioria das vezes, existem muito mais carros azuis do que verdes, o que faz a probabilidade final pender para os primeiros.

A maior parte das decisões que tomamos cotidianamente envolvem situações de incerteza, em que diferentes informações devem ser combinadas para que uma conclusão adequada seja alcançada. Isso ocorre no diagnóstico médico, em júris com várias evidências contrastantes, no mundo dos negócios, nos investimentos pessoais, etc. Mas temos dificuldade de raciocinar com todas as informações ao mesmo tempo e desconhecemos as fórmulas para chegar ao resultado correto. Nesse caso, entra em ação o PROSODI (processa só o disponível), que descrevemos no Capítulo 3. Ele nos faz chegar a conclusões que frequentemente não são satisfatórias.

O desconhecimento ou a incompreensão das regras bayesianas podem originar equívocos, como na área do diagnóstico médico. Em um estudo realizado em vários países, o seguinte problema foi apresentado a um grupo de médicos:

> A prevalência do câncer de mama é de 1% para mulheres acima dos 40 anos. A mamografia dá um resultado positivo em 80% dos casos das mulheres com câncer de mama, mas há 10% de resultados positivos em casos de mulheres que *não* têm câncer. Qual é a probabilidade de que uma mulher nessa faixa etária com um resultado positivo tenha câncer?

A maioria dos médicos pesquisados respondeu que a probabilidade era de cerca de 75%. A resposta correta, pelas regras bayesianas, é 7,5%. (Os interessados encontrarão, ao final do capítulo, um apêndice com os cálculos correspondentes.)

A questão dos falsos positivos é importante nos exames diagnósticos, e isso muitas vezes não é levado em conta, gerando sofrimento e angústia para os pacientes envolvidos. A prevalência da doença em questão na população específica é outro dado importante. Se a doença for muito comum, aumenta a chance de que um exame positivo seja significativo, mas, se ela for rara, o mais provável é que o risco da sua existência seja pequeno. O conhecimento das regras de probabilidade pode evitar muitas aflições, mas os próprios médicos com frequência ignoram a forma de raciocinar corretamente por meio delas.

Os erros de raciocínio acontecem por mais de uma razão. Muitas vezes, o foco está na hipótese saliente (como no caso da testemunha no problema dos táxis); outras vezes, o erro está em não prestar atenção na probabilidade *a priori* (*base rate*), não levando em conta, por exemplo, que somente 1% da população tem o câncer, no caso da mamografia.

Em situações de incerteza, na vida pessoal ou profissional, muitas vezes tomamos decisões equivocadas devido à nossa dificuldade de lidar com a probabilidade e o acaso. Em muitas dessas ocasiões, entra em ação o viés da disponibilidade (descrito no Capítulo 3), levando a conclusões que não correspondem ao que de fato acontece.

Quando lidamos com decisões importantes (por exemplo, se devemos deixar o trabalho atual pela oferta de um novo emprego), temos que pesar muitos aspectos e alternativas possíveis, que juntos ultrapassam a capacidade de processamento de nosso cérebro. Então, levamos em conta somente algumas alternativas que nos vêm à mente, deixando de lado outros aspectos que apenas ignoramos ou não pudemos considerar (PROSODI). Portanto, a aprendizagem e o treinamento nas regras da probabilidade e da estatística podem contribuir para uma melhor compreensão da realidade e para a tomada de decisões mais adequadas e racionais.

VIÉS DA CAUSALIDADE

A ilusão causal, ou viés da causalidade, é um viés cognitivo que promove a percepção de uma relação de causa e efeito entre dois eventos que na verdade não são interdependentes. Sua presença, muito generalizada, indica uma origem antiga em nossa história evolucionária e sugere que esse viés deve conferir algumas vantagens.

No mundo mais simples onde nossa espécie evoluiu, era necessário tomar decisões rápidas em relação ao que causava os eventos observados. Um arbusto se mexe pela presença de um predador ou por simples efeito do vento? Melhor ficar com a primeira hipótese, se proteger e continuar vivo. Portanto, conclusões rápidas em relação à causa dos fenômenos tinham valor de sobrevivência. Isso ficou marcado em nosso cérebro, e costumamos enxergar relações causais quando ocorrem meras coincidências. Herdamos um viés que nos faz ver causalidade onde ela não existe.

Na sociedade complexa em que vivemos, a vantagem de se atribuir rapidamente causas ao que é observado não é mais tão generalizada e pode mesmo se transformar em desvantagem. É o caso, por exemplo, de recorrer a medicamentos (potencialmente perigosos) sem contar com evidências científicas de que são realmente efetivos.

Acredita-se que três princípios básicos estejam envolvidos na percepção das relações de causa e efeito: prioridade, contiguidade e contingência. As pessoas geralmente atribuem relações de causa e efeito baseando-se nesses princípios. Vamos examinar cada um deles.

> Prioridade: as causas devem ocorrer antes dos seus efeitos. Embora essa seja uma regra geral, devemos lembrar que às vezes podemos detectar um efeito antes de perceber sua causa. Podemos, por exemplo, perceber a presença de fumaça antes de descobrir o fogo que a provocou.
>
> Contiguidade: causas e efeitos ocorrem próximos, em termos de tempo e espaço. Aqui também existem exceções. Um hábito inadequado, como o de fumar, pode provocar malefícios que levam algum tempo a aparecer. Por isso mesmo, decorreu algum tempo até que as pessoas fossem convencidas de que havia realmente uma relação de causa e efeito entre o uso do tabaco e o câncer de pulmão.
>
> Contingência (ou covariação): a variação em conjunto de dois fenômenos sugere a presença de causalidade, mas isso pode ocorrer sem relação de causa e efeito. Correlação é uma coisa, e casualidade é outra: esta última nem sempre está presente. A importância desse conhecimento fará com que nos detenhamos a examiná-lo melhor mais adiante neste texto.

Como já vimos, muitos fenômenos aleatórios podem dar a ilusão de causalidade, e frequentemente é necessário aplicar regras matemáticas e estatísticas para obter uma certeza e identificar cada caso. O fato é que, mesmo em relações em que ocorrem os três princípios mencionados, não está garantida uma ligação de causa e efeito.

No cotidiano, é comum nos valermos de conclusões rápidas – as soluções heurísticas –, que muitas vezes funcionam a contento. Mas é preciso atenção, pois essas conclusões eventualmente podem nos trazer problemas. A causalidade comumente é inferida a partir de simples coincidências e, se estas são frequentes, aumenta a chance de que o viés se instale. Se um fenômeno é muito frequente, ocorrerão mais coincidências enganosas. Se uma doença frequente costuma ter uma recuperação espontânea, é mais fácil atribuir a cura a remédios acidentais, sem efeito real. Por outro lado, se muita gente está usando um medicamento, também aumenta a chance de serem observadas recuperações que podem ser puramente casuais ou aleatórias. O fato é que, quanto maior é o número de coincidências, maior é a probabilidade de se instalar a crença na relação causal. Muitas vezes, essa falsa confiança se estabelece a partir de determinado comportamento, que pode ser frequente. Danças ou sacrifícios para fazer chover, se são repetidos, acabam por coincidir com a chuva, reforçando uma crença infundada, sustentada a partir daí pelo viés da confirmação.

O viés da causalidade parece estar relacionado com a popularidade das teorias conspiratórias, das pseudociências e do negacionismo científico, bem como com o crédito dado aos fenômenos chamados de paranormais. Essas crenças são difíceis de entender na sociedade tecnológica em que vivemos, no entanto o fenômeno está presente de forma muito generalizada, e frequentemente podemos observá-lo provocando problemas, como é o caso da desconfiança em relação às vacinas.

Aqui, é importante esclarecer a questão da diferença entre causa e correlação. Quando dois fenômenos variam juntos – quando ocorrem simultaneamente ou em sequência –, não podemos deduzir automaticamente uma relação de causa e efeito entre eles. Um exemplo clássico é a observação de que o aumento da venda de sorvetes e a frequência de casos de afogamento em piscinas costumam ter uma variação paralela. No entanto, não são os sorvetes os responsáveis pelos afogamentos, e, para compreender o fenômeno, teremos que introduzir outra variável, que é a verdadeira causa. O aumento da temperatura, no verão, provoca uma maior procura por sorvetes e por banhos de piscina, podendo explicar por que os fenômenos observados ocorrem em paralelo. Existe entre eles, nesse caso, uma correlação, mas não uma relação de causa e efeito.

Podemos então voltar às vacinas: no final dos anos 1990, o médico inglês James Wakefield publicou um artigo no qual afirmava que pacientes autistas teriam desenvolvido a patologia ao tomar a vacina tríplice (contra sarampo, caxumba e rubéola). Ativistas antivacina aproveitaram-se do fato e imediatamente espalharam a notícia de modo amplo pelos meios de comunicação. O trabalho original foi, em seguida, veementemente contestado por muitos pesquisadores, que demonstraram que os resultados, além de não serem verdadeiros, eram fraudulentos. O máximo que se poderia afirmar seria a presença de uma correlação. Era como se o pesquisador tivesse observado que pacientes autistas brincavam com ursinhos de pelúcia e concluísse que esses brinquedos eram a causa do autismo. O artigo original foi desmentido e removido, mas o estrago estava feito, e até hoje uma parcela significativa da população acredita não só que as vacinas podem ser perigosas, mas também que existe uma base científica para essa convicção.

A presença desse viés tem feito com que doenças infecciosas anteriormente controladas estejam de novo em alta, e muitas pessoas deixam de adotar estratégias baseadas em evidências para se lançar a métodos alternativos sem efeito real. A Organização Mundial da Saúde (OMS) considera a hesitação em vacinar um dos 10 maiores perigos para a saúde global. O fato é que não existem dúvidas de que as vacinas são seguras e constituem uma das mais importantes conquistas da medicina moderna.

O viés da causalidade instalou-se porque foi importante ao longo da evolução e pode, muitas vezes, ser inofensivo no dia a dia. Levando isso em conta, não é surpreendente que no mundo de hoje observemos tantas superstições e crenças pseudocientíficas e sem fundamento, já que decorrem de um dispositivo muito entranhado no funcionamento do cérebro humano.

Mas vivemos em um século tecnológico e dispomos do conhecimento científico, que pode fazer com que superemos esses erros e tenhamos mais segurança e efetividade no cotidiano. Precisamos ter em mente que uma teoria científica é uma hipótese rigorosamente testada e suportada por vários tipos de evidência. Simples opiniões ou observações superficiais e descuidadas não são comparáveis ao conhecimento derivado da ciência.

Para reduzir o viés da causalidade, é necessário aprender a raciocinar de forma crítica segundo o método da investigação científica: duvidar sistematicamente e buscar as evidências disponíveis. É essencial que esse conhecimento seja transmitido às novas gerações, pois elas precisam saber buscar evidências sólidas e questionar palpites e opiniões sem fundamento. Confiar nas nossas intuições ou naquelas do nosso grupo social pode ser perigoso e certamente não é adaptativo.

LÓGICA

Os seres humanos, ao longo do seu desenvolvimento vital, são capazes de adquirir a faculdade de raciocinar criticamente, utilizando um esforço consciente para tirar conclusões a partir das informações disponíveis. Um raciocínio eficaz nos permite chegar a conclusões satisfatórias a partir de alguns pressupostos ou premissas. Mas os pressupostos têm de ser sólidos para que possam levar a conclusões verdadeiras. Por outro lado, diferentes pressupostos podem levar a conclusões divergentes: o movimento dos astros concebido por Ptolomeu era diferente daquele descrito por Copérnico porque o primeiro tinha a Terra como ponto de referência, e o segundo considerava o Sol o ponto de partida.

As pessoas têm, muitas vezes, um prazer lúdico em jogos de raciocínio, como atestam as seções de jornais e revistas que apresentam regularmente problemas como o *sudoku*, mas a atividade de raciocinar depende do processamento T2, que requer consumo de energia e contraria nossa avareza cognitiva. Por isso, a atividade de pensar conscientemente costuma ser considerada difícil e pouco agradável, abrindo espaço para que o processamento T1 leve vantagem.

Muitos psicólogos e filósofos acreditam que o raciocínio lógico é programado de forma inata em nossos processos mentais. No entanto, como veremos, essa é uma capacidade que precisa ser desenvolvida nas interações do indivíduo com o meio cultural. E mesmo aqueles que adquiriram essa capacidade podem às vezes abrir mão dela, deixando o processamento T1 tornar-se predominante.

Estudos realizados nessa área costumam utilizar o silogismo, uma forma de raciocínio lógico. De origem grega, o termo "silogismo" significa conexão de ideias e foi criado por Aristóteles para designar uma argumentação lógica ideal. No silogismo, encontramos uma primeira premissa (proposição maior), uma segunda premissa (proposição menor) e uma conclusão. As premissas são ligadas de tal modo que a partir delas pode-se deduzir a conclusão. O exemplo clássico é:

> Todos os homens são mortais.
> Sócrates é um homem.
> Portanto, Sócrates é mortal.

O modelo também pode ser apresentado de forma abstrata:

> Todos os A são B.
> C é um A.
> Portanto, C é um B.

Essa fórmula nos permite, a partir de premissas verdadeiras, descobrir novas verdades, mesmo quando não temos uma vivência pessoal. A questão é que os seres humanos precisam aprender a raciocinar desse modo – e, mesmo depois disso, não são particularmente hábeis em fazê-lo.

A demonstração de que é preciso aprender a raciocinar em presença dos silogismos foi feita de maneira clara por Alexander Luria (1902-1977), um dos pioneiros da neuropsicologia moderna, em uma pesquisa realizada no início dos anos 1930. Luria, que na época trabalhava com Lev Vygotsky (1896-1934), acreditava na determinação cultural e social das atividades cognitivas e dirigiu-se para a Ásia Central (Uzbequistão e Quirguistão), uma região da então União Soviética, onde estavam sendo feitas reformas profundas, com a eliminação do analfabetismo e a transição para uma economia coletivista. Ele pretendia documentar as alterações na maneira de pensar dos habitantes locais, que, sob a influência das transformações em curso, estariam passando de um modo de pensamento prático e concreto para outro mais teórico e abstrato.

Os sujeitos das observações feitas por Luria eram camponeses (mulheres e homens) analfabetos que viviam em pequenas e remotas aldeias, sem influência da civilização moderna, além de trabalhadores de fazendas coletivas, ainda semianalfabetos, mas que estavam começando a frequentar cursos voltados para suas atividades no ambiente rural. A pesquisa envolvia conversações com os sujeitos, nas quais eram expostos problemas que tinham relações com as atividades diárias dessas pessoas.

Entre os tópicos pesquisados, estava a capacidade de fazer deduções e inferências utilizando um pensamento mais abstrato por meio da lógica formal. Para isso, Luria se utilizou de silogismos, como nos exemplos que se seguem.

Problema 1

Os metais preciosos não enferrujam.
O ouro é um metal precioso.
Será que o ouro enferruja?

Respostas dos sujeitos:
- Será que metais preciosos enferrujam?... Será que o ouro enferruja?
- Metais preciosos enferrujam... Ouro precioso enferruja... Será que o ouro enferruja?

Problema 2

Coelhos vivem em florestas.
Não há florestas nas cidades grandes.
Há coelhos que vivem nas cidades grandes?

Respostas dos sujeitos:
- Numa cidade tem uma floresta e tem coelhos. Noutra cidade grande não tem floresta. Será que tem coelhos lá?
- Há coelhos em florestas. Tem coelhos em cidades grandes?

Vê-se que, nesses exemplos, os silogismos eram simplesmente repetidos, sem que fosse percebido o problema e a possibilidade de uma conclusão. Outras vezes, os silogismos não eram tidos como unidades lógicas que permitiam chegar a uma conclusão abstrata.

> **Problema 3**
>
> No Norte, onde há muita neve, todos os ursos são brancos.
> A aldeia X fica no Norte e lá tem muita neve.
> Qual é a cor dos ursos de lá?
>
> Respostas dos sujeitos:
> – Eu não sei. Eu já vi um urso preto e nunca vi outros... Cada local tem seus animais: se forem brancos, são brancos; se são amarelos, são amarelos.
> – Sim, mas, de acordo com o que eu falei, de que cor são os ursos de lá?
> – Se um homem é velho e viu um urso branco e contou para você, então você pode acreditar. Mas eu nunca vi um e por isso não posso falar. É o que já falei. Aqueles que viram podem dizer, mas os que não viram não podem dizer nada.
>
> Nesse ponto, um jovem aldeão presente intervém:
> – Pelo que você falou, os ursos lá devem ser brancos.

Como vemos, os sujeitos em geral não se dispunham a falar do que ia além da sua experiência concreta. Consideravam que os silogismos eram integrados por três frases isoladas, sem ligação lógica. Os que já haviam sido expostos à alfabetização e aos processos coletivos de trabalho começavam, no entanto, a conseguir raciocinar de modo abstrato e formal.

Essas observações indicam que, embora os seres humanos tenham a capacidade de raciocínio formal, ela tem de se desenvolver em um contexto cultural: tem de ser aprendida. O raciocínio formal não se desenvolve automaticamente, como acontece com a linguagem, por exemplo. Em sociedades não alfabetizadas, as pessoas geralmente não conseguem perceber as relações lógicas nos silogismos, mas passam a fazê-lo quando submetidas ao aprendizado adequado.

Entretanto, nem sempre é fácil raciocinar com os silogismos, mesmo para os que tiveram algum aprendizado. É preciso atenção consciente, tanto em relação às premissas quanto em relação às conclusões. Considere-se, por exemplo:

> Todas as coisas vivas precisam de água.
> Rosas precisam de água.
> Portanto, rosas são seres vivos.

Geralmente as pessoas concordam que a conclusão final é válida, mas, se observarmos bem, há coisas não vivas que também necessitam de água (cafeteiras elétricas, por exemplo). Portanto, o fato de que rosas necessitam de água não nos autoriza a concluir definitivamente que elas sejam seres vivos. É preciso ter cuidado, pois a fórmula geral nem sempre garante conclusões verdadeiras, como fica mais claro no silogismo seguinte:

> Todos os répteis têm um esqueleto ósseo.
> Coelhos têm um esqueleto ósseo.
> Portanto, coelhos são répteis.

Os dois silogismos têm a mesma estrutura e, se um leva a conclusões válidas, o outro também deveria fazê-lo. Na verdade, ambos são falsos, porque as conclusões não podem realmente decorrer dos pressupostos apresentados. Percebemos com mais facilidade o problema no segundo caso porque ele não é tão plausível como o primeiro: como ele não se encaixa nos nossos conhecimentos prévios, acendemos um alerta. Portanto, é preciso examinar com cuidado tanto os pressupostos quanto as conclusões antes de acreditar no que está sendo proposto. Conclusões apressadas e incorretas podem decorrer do exame superficial desses silogismos.

Nos exemplos citados, pode interferir o viés da crença. Há uma tendência a aceitar como válidas afirmativas ou conclusões que sejam verossímeis. Além disso, ocorre também o viés de confirmação, que vimos no Capítulo 3: ele nos autoriza a deixar de pensar em alternativas se a conclusão nos satisfaz.

Quando o argumento é válido, mas a conclusão não é plausível, ou quando a proposição é falsa, mas a conclusão é verdadeira, pode haver um embate entre os dois processamentos (T1 e T2). Algumas vezes ganha a lógica, outras vezes ganha a tendência a acreditar. Muitas vezes, aquilo que sabemos (ou que pensamos saber) pode contaminar nossa capacidade de pensar e de aprender por raciocínio. As pessoas mais inteligentes ou com maior capacidade de memória operacional parecem ter mais facilidade de raciocinar com a lógica, mas não são imunes aos vieses.

Como vemos, a capacidade de raciocinar de forma lógica precisa ser aprendida, e o exercício dessa capacidade no cotidiano exige esforço e atenção. No mundo de hoje, com o excesso de informação e a tendência a processar essa informação de forma superficial (com a prática de multitarefa, por exemplo), torna-se cada vez mais frequente o uso do processamento T1 em momentos em que ele deveria ser substituído pelo raciocínio crítico. O resultado é que observamos à nossa volta um grande número de pessoas exibindo, a todo momento, condutas e conclusões que desafiam flagrantemente a racionalidade.

No próximo capítulo, examinaremos os circuitos e estruturas cerebrais que contribuem para o processamento de nossas escolhas e decisões.

EM SÍNTESE

1. Para raciocinar criticamente sobre muitos fenômenos que ocorrem à nossa volta, precisamos aprender a utilizar recursos que surgiram a partir do avanço civilizatório. É o caso do conhecimento das probabilidades e de sua avaliação, fenômenos para os quais nossos processos mentais não estão naturalmente bem preparados.

2. Existem vários problemas e ilusões comuns ao raciocinar com probabilidades no dia a dia. A falácia do jogador, a ilusão dos pequenos números, o desconhecimento da tendência de regressão à média, o erro da probabilidade da conjunção e a ignorância da probabilidade condicional (teoria de Bayes) são exemplos de equívocos que poderiam ser evitados com a difusão do conhecimento probabilístico. Eles geram inconveniências e até sofrimento, dos quais as pessoas poderiam se poupar por meio do uso adequado daquele conhecimento.

3. O viés da causalidade nos faz enxergar uma relação de causa e efeito entre dois ou mais fenômenos independentes. Esse viés

surgiu, provavelmente, porque ao longo da evolução era questão de sobrevivência descobrir a causa de eventos que poderiam ser perigosos. Hoje, esse viés pode provocar problemas no cotidiano.

4 É comum identificarmos uma relação de causa e efeito quando ocorrem simples coincidências, e, se estas forem muito frequentes, será mais fácil acreditar nessa relação. Quando uma doença tem recuperação espontânea, por exemplo, é comum que se acredite no poder curador de determinada medicação utilizada com frequência, ainda que ela seja ineficaz.

5 É importante discriminar causa de correlação. Quando dois fenômenos variam juntos, não se pode inferir automaticamente uma relação de causa e efeito entre eles. No cotidiano, esse é um engano muito comum, e é preciso ter atenção para que ocorra uma compreensão mais clara da realidade.

6 O viés da causalidade deve ser evitado com a difusão do conhecimento da abordagem científica, que implica duvidar sistematicamente e buscar as evidências disponíveis, fugindo das intuições pessoais ou daquelas difundidas sem cuidado nos grupos sociais.

7 Os seres humanos podem adquirir a capacidade de raciocinar de forma lógica, utilizando um esforço consciente para tirar conclusões a partir das informações disponíveis. Contudo, essa atividade requer esforço e muitas vezes é tida como desagradável.

8 O raciocínio lógico não se desenvolve espontaneamente, como muitas vezes se supõe, mas precisa ser induzido pelo contexto cultural. Em sociedades não alfabetizadas, as pessoas têm dificuldade de perceber relações lógicas como as expostas em silogismos, mas passam a fazê-lo quando se submetem ao aprendizado adequado. Logo, é importante que tal aprendizado seja estimulado no mundo complexo em que vivemos hoje.

APÊNDICE

Cálculo do teorema de Bayes para o caso da mamografia

A) Usando-se frequências naturais:
- Dez de cada mil mulheres que fazem a mamografia têm câncer.
- Oito de cada 10 mulheres com câncer de mama terão uma mamografia positiva.
- 99 de cada 990 mulheres sem câncer de mama que fazem mamografia terão um teste positivo.

Então, há oito mulheres com testes positivos e câncer presente (P e C) e 99 mulheres com testes positivos, mas sem câncer de mama. Portanto, a proporção de mulheres com câncer entre aquelas com teste positivo é de oito entre 107 (8 + 99).

$$p(câncer, se\ o\ teste\ for\ positivo) = \frac{(P\ \&\ C)}{p} = 8/107 = 0{,}075$$

B) Usando-se probabilidades:

$$p(hipótese, em\ face\ de\ uma\ evidência) = \frac{p(evidência\ antes\ da\ hipótese) \times p(hipótese)}{p(evidência)}$$

1. $p(câncer, se\ o\ teste\ for\ positivo) = \dfrac{p(câncer, antes\ do\ teste) \times p(teste\ positivo\ se\ houver\ câncer)}{p(teste\ positivo, com\ ou\ sem\ câncer)}$

2. $p(câncer, se\ o\ teste\ for\ positivo) = \dfrac{0{,}01 \times 0{,}80}{0{,}107}$

Cálculo do denominador p se o teste for positivo, com ou sem câncer:
- Se a pessoa tem câncer, a probabilidade será 1% multiplicado por 80%: (0,1 × 0,80) = 0,008.
- Se a pessoa não tem câncer, a probabilidade será 99% multiplicado por 10%: (0,99 × 0,1) = 0,099.
- Somadas as duas probabilidades, teremos: 0,099 + 0, 008 = 0,107.

3. $p(câncer, se\ o\ teste\ for\ positivo) = 0{,}075$

Fonte: elaborado com base em Sedlmeier e Gigerenzer (2001).

7
AS DECISÕES EMOCIONAIS

> Continuo fascinado pelo fato de que os sentimentos não são o lado obscuro da razão, mas também nos ajudam a tomar decisões.
> **António Damásio**

Durante muito tempo, as pesquisas e publicações científicas relacionadas com a tomada de decisão dedicaram-se apenas aos processos cognitivos, deixando de lado as emoções. Por isso, é relativamente recente a comprovação de que as emoções influenciam nossas decisões de forma constante e poderosa ao longo de toda a vida e de que essa influência se dá ora de forma benéfica, ora de forma prejudicial.

Em nossa cultura, tradicionalmente, razão e emoção são tidas como polos opostos, e a segunda é considerada, via de regra, um obstáculo à racionalidade. De acordo com essa noção, as emoções deveriam ser evitadas no processo de tomada de decisão, pois são elementos desorganizadores do comportamento racional, considerado característico da nossa espécie. Embora essa ideia ainda seja largamente difundida, cada vez mais aprendemos que as emoções não são disfuncionais: elas constituem um mecanismo eficiente de adaptação às circunstâncias, gerando com frequência respostas apropriadas e racionais.

Para compreendermos a importância das emoções nesse contexto, precisamos ter uma ideia mais exata desse fenômeno. As emoções são processos que ocorrem no corpo e no espaço mental – no fluxo de consciência – quando nos vemos diante de algo importante ou significativo. Quando isso acontece, nosso sistema nervoso aciona circuitos nervosos, centrais e periféricos, cuja atuação visa a preparar o indivíduo para fazer face ao que está ocorrendo. Geralmente, à circunstância com conteúdo emocional é atribuída valência positiva ou negativa: o que está ocorrendo é interpretado como "bom para mim" ou "ruim para mim". No primeiro caso, tendemos a ter uma conduta de aproximação e interação e, no segundo caso, de afastamento ou confronto – ou seja, as emoções desencadeiam ações correspondentes àquelas sensações. As emoções também são consideradas agradáveis ou desagradáveis, positivas ou negativas. Entre as desagradáveis, podemos citar a raiva, o medo, a tristeza e a culpa. Exemplos das agradáveis são a alegria, o alívio, a gratidão e a compaixão. É bom lembrar que as emoções não são boas ou más em si mesmas, mas podem ser consideradas negativas ou positivas dependendo de como interferem em nossa interação social.

É importante observar alguns componentes característicos das emoções. Primeiramente, elas produzem respostas fisiológicas, que têm lugar no corpo. Algumas são mudanças viscerais, como alteração da frequência cardíaca, do diâmetro da pupila, dos vasos sanguíneos, etc. Há um aumento do estado de vigilância, com alterações nos processos de percepção e atenção. As modificações ou respostas corporais, por sua vez, ativam receptores e nervos periféricos, e as informações do que está ocorrendo nas diversas partes do corpo são conduzidas a centros nervosos cerebrais, onde são processadas. Isso dá origem ao que chamamos de sentimentos emocionais, que são gerados exatamente pelas alterações que ocorrem no corpo devido às emoções. O comportamento também se altera, por meio de respostas que são frequentemente automáticas, quando não estamos atentos a essas reações.

Os sentimentos ou estados afetivos como desânimo, irritação e euforia decorrem das informações que vêm do interior do corpo, denominadas informações interoceptivas. Podemos perceber de forma consciente algumas dessas informações corporais, como um "aperto no coração", um "frio no estômago" ou um "nó na garganta". É interessante notar que a consciência corporal é variável entre as pessoas, o que faz com que elas tenham diferentes habilidades de percepção do seu estado emocional e, assim, diferentes capacidades de autorregulação emocional.

Ao longo da evolução animal, as emoções tiveram (e ainda têm) um papel extremamente importante na regulação do comportamento e na sobrevivência dos organismos. Como vimos no Capítulo 1, em nosso cérebro, mecanismos primitivos de tomada de decisão convivem com outros processos que tiveram uma origem mais recente. Já sabemos que os processamentos T1 frequentemente são executados sem a supervisão consciente, funcionando em uma espécie de piloto automático. As emoções costumam desencadear reações automáticas e poderiam ser classificadas, em um exame superficial, como mais uma variação do processamento T1, mas elas têm algumas características próprias.

As respostas emocionais, ao menos as respostas comportamentais, não são estereotipadas e admitem certa flexibilidade. As informações produzidas pelos sentimentos emocionais são processadas em circuitos e estruturas cerebrais de forma a induzir uma escolha e uma conduta, que podem variar de acordo com as circunstâncias e as experiências anteriores dos indivíduos. A decisão costuma ser feita rapidamente, sem a intervenção de processos conscientes, mas o estado de alerta provocado pelas emoções pode mesmo incluir a necessidade de intervenção da consciência e do processamento T2, e, em ambos os casos, a decisão decorrente poderá ser carregada de racionalidade.

Em situações de incerteza, quando não existe uma resposta específica a um novo estímulo, é vantajoso dispor de um sistema inato, autônomo e rápido que desencadeie respostas corporais e ações genéricas úteis para fazer face àquele estímulo, mesmo que ele seja variável e inesperado. Isso corresponde ao papel do processamento emocional: ele monitora as informações sensoriais identificando o que pode ser saliente ou significativo e determina escolhas (inclusive com acesso aos sistemas cognitivos) visando a encontrar a resposta mais adequada para aquela situação. As emoções funcionam como um recurso inato para otimizar o desempenho do organismo, integrando processos afetivos e cognitivos em uma atuação coordenada.

O estado fisiológico do corpo influencia os processos cognitivos, e vice-versa. Sabemos que o coração desacelera quando esperamos que algo ocorra, que a pupila se dilata para priorizar uma informação saliente, que a linguagem fica dificultada durante uma emergência, etc. O estado de humor e o estado fisiológico presentes quando ocorre um evento são registrados na memória juntamente com o evento, por isso ele pode ser lembrado quando os mesmos estados se repetem no futuro – os processos de memória podem ser influenciados pela percepção daqueles sinais interoceptivos.

Associar memórias com estados corporais deve ter sido uma vantagem durante a evolução biológica – para que o organismo pudesse se lembrar, por exemplo, de locais onde encontrar comida ou onde existia algum perigo. Por isso, a memória é facilitada quando um evento é acompanhado de excitação afetiva ou emocional. As emoções e suas manifestações no corpo e no espaço mental são uma demonstração clara de que não podemos separar corpo e mente, como é tradicional em nossa cultura. A mente é, claramente, corporificada.

O neurologista António Damásio sugere que os sentimentos – originados pela situação emocional – atuam como um marcador somático. As informações interoceptivas influenciam a tomada de decisão e a conduta como uma forma de intuição ou pressentimento (*gut-feeling*). Esses marcadores abrigariam um resumo de experiências vivenciadas antes em situações similares, e isso seria percebido como um sentimento, o que determinaria rapidamente uma escolha e uma conduta – sem a interferência, necessariamente, dos processos conscientes. Damásio tem demonstrado que lesões em estruturas cerebrais envolvidas no processamento daquelas informações fazem com que os pacientes deixem de tomar decisões racionais, embora não demonstrem deficiência no funcionamento cognitivo.

O fato é que as emoções presentes em determinado momento são importantes para as escolhas e decisões. Elas podem muitas vezes levar a julgamentos e condutas inadequadas, mas são, por outro lado, um mecanismo flexível e adaptativo para lidar com uma profusão de eventos em ambientes mutáveis. Servem para embasar opções e decisões com presteza quando não há oportunidade de adquirir outras informações. Além disso, elas podem ser racionais quando a avaliação do evento é correta e as respostas não são incoerentes ou fora do contexto. Mesmo as emoções consideradas negativas, como a raiva e o medo, podem ser benéficas para o indivíduo se o comportamento resultante é congruente e autorregulado.

Emoções incidentais – que estão presentes, mas não são devidas ao evento que se desenrola – podem influenciar a tomada de decisão, e geralmente não temos consciência de que isso está ocorrendo. A tristeza, por exemplo, altera a visão de mundo e o que é percebido como importante. Por outro lado, podemos agir de forma agressiva porque estamos irritados por um acontecimento anterior. O estado de humor (*mood*) costuma perdurar no tempo e influencia escolhas e decisões. Ademais, esse estado sofre influência do fenômeno da pré-ativação. Sabe-se, por exemplo, que dias ensolarados modificam de maneira positiva o estado afetivo e levam à sensação de bem-estar. Isso, por sua vez, modifica o comportamento das pessoas e pode influenciar até mesmo o desempenho do mercado de ações, como já foi demonstrado por algumas pesquisas.

Outro exemplo da influência das emoções no processamento cognitivo é representado pelo estresse, um estado emocional que provoca alterações no funcionamento de estruturas e circuitos que lidam com decisões. Ele costuma diminuir o controle racional e impulsionar os comportamentos autônomos, ou seja, o estresse facilita os processamentos T1, como a busca de gratificações imediatas ou as atitudes preconceituosas. Aliás, no cotidiano, os estímulos mais comuns para situações emocionais são as interações com outras pessoas, que podem ser fonte de desentendimentos e problemas quando as condutas por elas geradas não são devidamente reguladas.

Várias emoções são eminentemente sociais, como a culpa, o ciúme, a vergonha, a gratidão e a compaixão. Nosso raciocínio moral e muitas de nossas decisões cotidianas são influenciados por essas emoções, essenciais para a habilidade de conviver em sociedade. A ausência dessas emoções, como ocorre nos psicopatas, leva a comportamentos incompatíveis com essa convivência e mostra com nitidez a sua importância no dia a dia.

As emoções influenciam muito as decisões no contexto dos relacionamentos interpessoais. Elas atuam como sistemas de comunicação que eventualmente permitem a criação e a manutenção de vínculos sociais saudáveis. As emoções são comunicáveis e costumam ser contagiosas, inclusive nas interações virtuais. Elas são importantes para a chamada teoria da mente, para inferir os estados mentais das pessoas com quem interagimos. Prestar atenção às manifestações emocionais das pessoas facilita a compreensão das suas crenças, das suas intenções e do seu estado afetivo, promovendo ou desaconselhando determinados comportamentos e provocando uma sincronia ou ressonância emocional, por meio de emoções recíprocas ou compartilhadas. No caso das emoções positivas, elas impulsionam a saúde e o bem-estar. A habilidade de perceber as próprias emoções e as daqueles com quem interagimos constitui o que se chama de inteligência emocional.

As emoções trabalham lado a lado com o processamento cognitivo e contribuem continuamente para todos os nossos julgamentos e decisões, sejam eles pequenos ou grandes. Contudo, podem não ser boas conselheiras quando simplesmente nos deixamos levar por elas. Os meios de comunicação nos mostram todos os dias as consequências danosas de emoções destrutivas como a raiva, a cobiça, a inveja e o ciúme. Quando estamos tomados por uma emoção, geralmente nos identificamos com ela: "nós somos a nossa raiva" e não percebemos que ela é, na verdade, um processo que está ocorrendo em nosso corpo e estado mental, o que significa que podemos lidar com ela de uma forma que não seja destrutiva. Aqui entra a prática da autorregulação emocional, uma habilidade importante no dia a dia, que pode ser colocada em ação por meio de estratégias cognitivas. Os processos cognitivos também influenciam os processos emocionais – a interação é recíproca.

O uso da atenção, por exemplo, é um instrumento eficaz. Muitas vezes as pessoas simplesmente procuram não prestar atenção no que está provocando a reação emocional, mas a forma mais efetiva de regulação é, na verdade, reconhecer as emoções, procurando identificar nossas reações diante daquela situação de forma aberta e com aceitação. Essa estratégia permite reconhecer que as emoções são fenômenos transitórios: elas tendem a desaparecer se não as alimentamos com nossos pensamentos e ações. Tal habilidade pode ser desenvolvida, por exemplo, por meio da meditação. O conhecimento consciente de nossos estados e processos emocionais é o primeiro passo para a autorregulação e o equilíbrio emocional.

Outra forma de regulação emocional faz uso do reenquadramento, ou seja, da reavaliação ou reinterpretação (*reappraisal*) do que está ocorrendo, técnica bastante utilizada na terapia cognitivo-comportamental e inspirada na filosofia estoica. Ela envolve reconhecer que a situação perturbadora pode ser vista de outras formas, ainda compatíveis com a realidade. Trata-se de perceber que nossos pensamentos nem sempre são fundamentados ou confiáveis e que não precisamos nos identificar imediatamente com o que estamos pensando ou sentindo. A maneira como reagimos às emoções é muito influenciada pelo modo como as circunstâncias ou eventos são interpretados, e isso pode ser modificado, porque a reavaliação pode ser ensinada e treinada.

Outra forma de regulação visa ao controle da resposta emocional. A supressão da expressão emocional é comumente usada quando procuramos não demonstrar nossa raiva ou irritação diante de uma figura de autoridade, por exemplo. Contudo, a regulação pela tentativa de supressão do comportamento é desaconselhada, pois não impede os efeitos fisiológicos e subjetivos do estado emocional, que podem levar a desequilíbrios e estresse.

O fato é que podemos desenvolver a habilidade da autorregulação emocional e que isso pode reduzir os efeitos, muitas vezes indesejados, das emoções na tomada de decisão e na conduta, particularmente no ambiente social. Sabemos que o equilíbrio emocional promove benefícios para a saúde física e mental e que a emoção e a racionalidade na verdade não são incompatíveis. Essa constatação fica nítida ao tomarmos como referência os circuitos e estruturas cerebrais que sustentam os processos cognitivos e emocionais. Existem múltiplos circuitos neurais que modulam as decisões utilizando cognição e emoção ao mesmo tempo: elas são integradas anatômica e funcionalmente e, nesse sentido, não são categoricamente diferentes. Disso resulta que nossas decisões não são processadas sempre por critérios lógicos e cognitivos, mas também com base em critérios afetivos e emocionais.

EM SÍNTESE

1 Em nossa cultura, tradicionalmente, razão e emoção são opostas, e a emoção é considerada um obstáculo à racionalidade. No entanto, cada vez mais constatamos que as emoções não são disfuncionais, mas constituem um mecanismo eficiente de adaptação e induzem, com frequência, respostas apropriadas e racionais.

2 As emoções são processos que ocorrem no corpo e no espaço mental quando nos vemos diante de algo importante ou significativo. Quando isso acontece, o cérebro desencadeia respostas a fim de preparar o indivíduo para fazer face ao que está ocorrendo. As emoções têm valência positiva ou negativa: isso é "bom para mim" ou é "ruim para mim". No primeiro caso, segue-se uma conduta de aproximação e interação; no segundo, uma conduta de afastamento ou confronto. As emoções produzem reações correspondentes às percepções.

3 As emoções têm dois componentes importantes: respostas periféricas (modificações viscerais e corporais) e sentimentos emocionais, que são subjetivos e gerados justamente pelas alterações que ocorrem no corpo devido às emoções. As informações que vêm do interior do corpo são denominadas informações interoceptivas. A consciência corporal é variável entre as pessoas, que têm então habilidades diferentes de perceber seu estado emocional e de regular suas emoções.

4 Para António Damásio, os sentimentos emocionais atuam como um "marcador somático" e influenciam a tomada de decisão e a conduta sob a forma de uma intuição. Eles representam um resumo de experiências vivenciadas anterior-

EM SÍNTESE

mente: em situações similares, isso seria percebido como um sentimento, originando decisões rápidas, sem a interferência dos processos conscientes.

5 As emoções influenciam decisões no contexto dos relacionamentos interpessoais. Elas atuam como formas de comunicação e permitem a criação e a manutenção de vínculos sociais saudáveis. São importantes para a chamada teoria da mente, para compreendermos os sentimentos e estados mentais das outras pessoas. As emoções costumam ser contagiosas, inclusive nas interações virtuais.

6 Como as emoções podem gerar comportamentos destrutivos e estados mentais desagradáveis, a autorregulação emocional é importante. Uma forma de realizá-la é usando atenção consciente: reconhecer as emoções procurando identificar as próprias reações. Essa estratégia permite perceber que as emoções são fenômenos transitórios que tendem a desaparecer se não os alimentamos com nossos pensamentos e ações. Essa habilidade pode ser desenvolvida, por exemplo, por meio da meditação.

7 Outra estratégia de autorregulação é a reinterpretação (*reappraisal*) do que está ocorrendo. Ela envolve reconhecer que a situação perturbadora pode ser vista de outra forma sem se desligar da realidade. A maneira como reagimos às emoções é muito influenciada pela forma como as circunstâncias são interpretadas, e essa habilidade pode ser desenvolvida voluntariamente.

8 Cognição e emoção interagem o tempo todo em nossas vidas, e existem vários circuitos cerebrais que modulam as decisões utilizando cognição e emoção ao mesmo tempo. Logo, nossas decisões não são processadas sempre por critérios racionais e cognitivos, pois também estão implicados critérios afetivos e emocionais.

NEUROECONOMIA:
CONHECENDO OS CIRCUITOS DO DECIDIR

8

> Eu sou um cérebro, Watson. O resto de mim é um mero apêndice. Portanto, é o cérebro que devo considerar. (Sherlock Holmes)
>
> **Sir Arthur Conan Doyle**

Os animais utilizam seu cérebro a todo momento para fazer escolhas e tomar decisões que visam a satisfazer suas necessidades. Nesse processo, levam em conta o estado interno de seu corpo e as circunstâncias que ocorrem no ambiente externo, de maneira que o comportamento resultante seja o mais adaptativo possível e possibilite a sobrevivência do organismo e da espécie a que ele pertence.

A representação do problema em termos dos estados internos e externos em que se encontra o indivíduo é a primeira etapa necessária para a tomada de decisão. Se o animal se sente faminto, por exemplo, precisa reconhecer no ambiente o que poderá servir de alimento. Em seguida, atribui um valor às diversas opções existentes, para obter a melhor vantagem disponível. Então, é preciso escolher a melhor ação para atingir o objetivo definido. Finalmente, é necessário monitorar o comportamento desencadeado para verificar se ele está sendo efetivo na obtenção do resultado esperado (no caso do exemplo, o alimento). Além disso, deve-se manter uma atualização das etapas precedentes, pois, se a mesma situação se repete, é importante saber se o melhor é continuar com o mesmo comportamento ou modificá-lo de modo a alcançar o objetivo pretendido de maneira eficiente.

As diferentes etapas descritas constituem processos básicos que ocorrem nas estruturas e circuitos do sistema nervoso. Elas permitem que o indivíduo tome a melhor decisão e alcance suas expectativas. Embora tenham sido descritas em sequência, é bom ter em mente que elas são realizadas simultaneamente, nas diferentes estruturas e circuitos neurais responsáveis por cada um desses passos. Ainda que as neurociências tenham progredido para desvendar como o cérebro desempenha cada uma dessas tarefas, nosso conhecimento ainda é fragmentário, e muitas perguntas permanecem por responder.

O QUE VALE A PENA?

A ciência econômica há muito tempo se preocupa com o processo de tomada de decisão, e as neurociências que estudam esse fenômeno têm sido agrupadas sob a denominação neuroeconomia. Classicamente, os economistas afirmam que as decisões são tomadas "como se" os indivíduos comparassem em uma mesma escala as vantagens envolvidas numa escolha, sendo então selecionada a opção que apresenta a maior vantagem, ou a "utilidade máxima". Os economistas postulam também que as pessoas tomam decisões racionais baseadas na utilidade e na probabilidade dos resultados, portanto essas decisões devem ser previsíveis e invariáveis.

Contudo, sabemos que os humanos reais não se comportam dessa maneira, pois eles avaliam os valores ou gratificações envolvidos de forma subjetiva, o que torna o processo de valoração variável de acordo com as circunstâncias. Mas é verdade que os valores (tudo aquilo que oferece uma vantagem ou reduz uma necessidade ou desconforto, como comida, água, redução da dor, etc.) precisam ser levados em conta na tomada de decisão, e tendemos a escolher o valor maior. Só que esse valor pode se modificar de acordo com o contexto e com a experiência prévia dos indivíduos que tomam a decisão.

Muitos estudos feitos com técnicas neurofisiológicas e de neuroimagem têm mostrado que existem estruturas cerebrais envolvidas na avaliação do valor, mas existe uma região que parece ser particularmente importante, situada na porção anterior do cérebro: a área pré-frontal. Nela se localiza, próximo à base do hemisfério cerebral, o córtex pré-frontal ventromedial, que se estende à superfície inferior do cérebro, agora com o nome de córtex orbitofrontal (Figura 8.1).

Essa região cortical recebe informações indiretas que chegam de todas as vias sensoriais e tem também ligações com outras estruturas cerebrais que lidam com o estado interno do organismo. Portanto, ela está em condições de comparar as necessidades internas com o que está ocorrendo no ambiente externo, e isso permite determinar o que é importante para o indivíduo naquele momento.

Em inúmeros experimentos feitos com a técnica de ressonância magnética funcional – por meio da qual podemos visualizar as áreas cerebrais ativas quando o indivíduo se envolve em determinada tarefa –, fica claro que essa região do córtex pré-frontal está sempre ativada no processo de avaliação das gratificações disponíveis. Aliás, ela parece responder à magnitude da gratificação e também é sensível ao estado de motivação interna. Por exemplo, em um animal faminto, ela responde à presença de alimento, mas deixa de se ativar se o animal se alimenta e fica saciado.

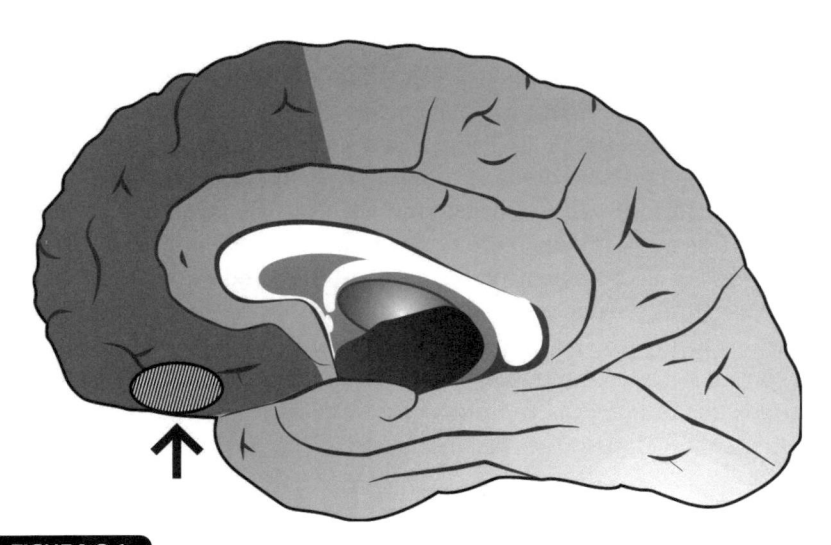

FIGURA 8.1
A seta aponta para a região do córtex pré-frontal (ventromedial e orbitofrontal), envolvida na avaliação dos valores que modulam o processo de tomada de decisão.

A DOPAMINA E O CIRCUITO DE RECOMPENSA

O processo de valoração, como foi dito, modifica-se e é atualizado de acordo com as experiências do indivíduo, com a aprendizagem que ocorre ao longo da sua história de vida. A ciência psicológica nos informa que, para essa atualização, são importantes as consequências do comportamento, isto é, a recompensa ou penalidade recebida pelo animal depois de cada ação. Também é importante para esse processo a diferença entre a gratificação esperada e aquela realmente obtida, que constitui o que os estudiosos do assunto chamam de erro de predição da recompensa.

O sistema nervoso tem um equipamento para codificar o erro de predição da recompensa, e ele envolve os neurônios que secretam um neurotransmissor específico: a dopamina. Os neurônios que utilizam esse neurotransmissor, chamados neurônios dopaminérgicos, agrupam-se em uma pequena região situada logo abaixo do cérebro* e, dela, enviam prolongamentos para várias regiões do sistema nervoso. Duas dessas regiões que recebem terminais dopaminérgicos são particularmente importantes: o corpo estriado (um grupamento de neurônios na base do cérebro) e o córtex pré-frontal (Figura 8.2).

É interessante lembrar aqui alguns experimentos realizados nos anos 1950 nos Estados Unidos: os pesquisadores fixavam finos eletrodos em algumas regiões do cérebro de ratos, e esses animais eram colocados em gaiolas onde existia uma pequena alavanca. Ao acionar a alavanca, os ratos podiam estimular aquelas regiões por meio de uma diminuta corrente elétrica. Quando os eletrodos estavam localizados em determinadas regiões cerebrais, os animais passavam a se autoestimular com uma alta frequência e preferiam essa estimulação ao acesso a alimento ou água, mesmo quando estavam com fome ou sede. Os autores concluíram que a estimulação deveria provocar alguma espécie de recompensa ou gratificação. Mais tarde, verificou-se que os locais que levavam a esse comportamento eram exatamente aqueles que continham estruturas dopaminérgicas, e muitos passaram a considerar a dopamina um neurotransmissor ligado à sensação de prazer.

---

* Essa estrutura é o mesencéfalo, que faz parte do tronco encefálico. Os neurônios dopaminérgicos localizam-se em regiões denominadas substância negra e área tegmentar ventral.

Corpo estriado

Córtex pré-frontal

Estruturas límbicas

Área tegmentar ventral

Substância negra

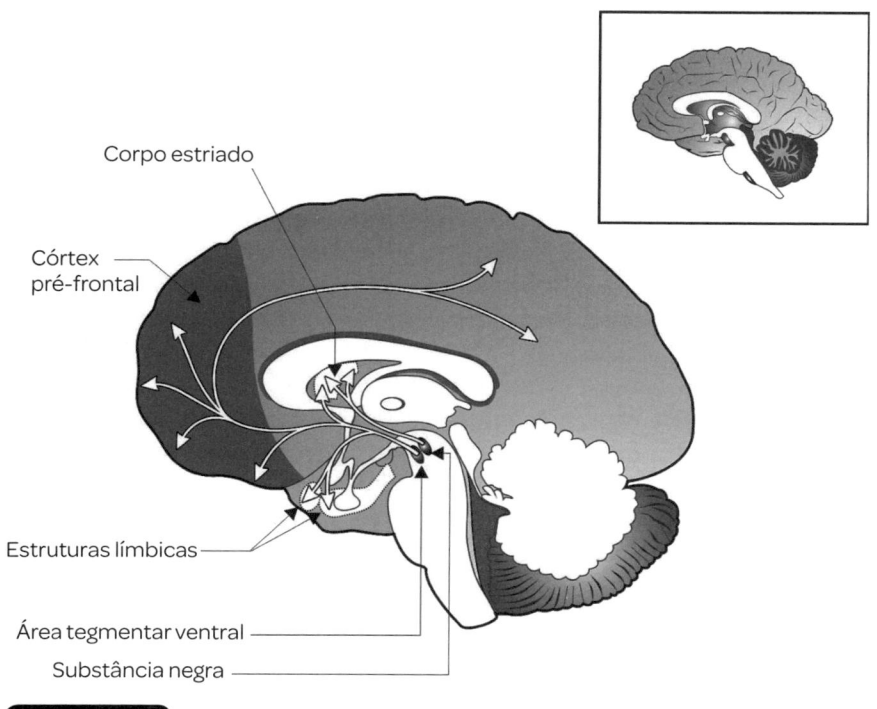

FIGURA 8.2

Sistema dopaminérgico, vendo-se a localização dos neurônios (substância negra e área tegmentar ventral) e as vias que se dirigem para o corpo estriado e o córtex cerebral.

Hoje está claro que não é um sentimento de prazer o que ocorre com a liberação de dopamina nesses locais. Ela assinala, na verdade, a presença de uma gratificação, e isso leva à ativação de circuitos que, por sua vez, desencadeiam ações voltadas à obtenção dessa recompensa. Os neurônios dopaminérgicos disparam quando ocorre algo que é melhor do que o previsto naquele momento, deixam de disparar quando um evento é pior do que esperado e mantêm o seu ritmo basal de descarga quando tudo permanece sem alteração. É como se eles informassem ao cérebro: no primeiro caso, "vamos em frente, que isso vai ser bom"; no segundo caso, "não é por aí que se vai conseguir alguma coisa"; e, no terceiro caso, "nada de novo a fazer". É essa informação, denominada erro de predição da recompensa, que está contida nas vias dopaminérgicas. A dopamina não provoca uma sensação de prazer, mas oferece a promessa de que algo de interessante poderá ocorrer. A sinalização não é equivalente ao "eu gosto" e está mais próxima do "eu quero".

Sabemos que as drogas de abuso, como a cocaína, atuam nas sinapses dopaminérgicas, e daí vem o forte impulso de consumi-las continuamente. Por outro lado, no mundo moderno existem muitos estímulos que podem ativar o sistema dopaminérgico, levando a comportamentos que, às vezes, podem não ser os mais desejáveis. Os jogos eletrônicos, por exemplo, têm alto potencial para ativar esses circuitos, pois apresentam estímulos que são gratificantes num tempo imediato e, por isso, podem levar as pessoas mais vulneráveis ao vício.

O circuito de recompensa é constituído por neurônios interligados cujos pontos nodais se localizam em três estruturas: a área tegmentar ventral, o chamado núcleo acumbente, que fica situado na base do cérebro, e o córtex pré-frontal (Figura 8.3). É bom lembrar que "circuito de recompensa" é, na verdade, um nome genérico para um grande número de circuitos equivalentes, os quais lidam simultaneamente com as muitas demandas que ocorrem o tempo todo.

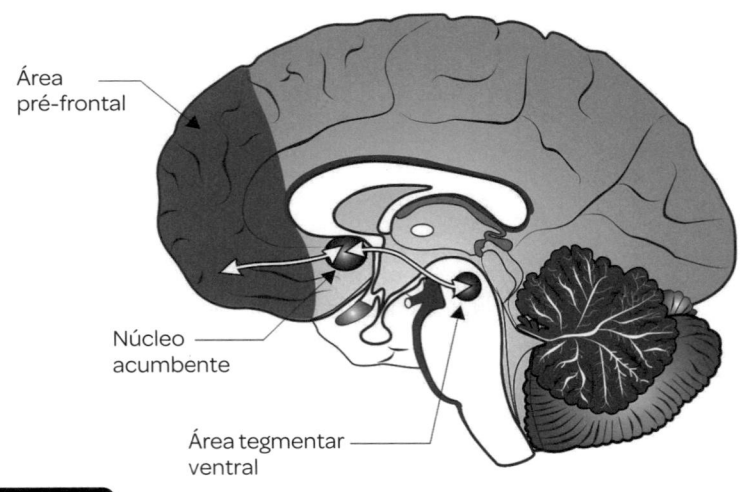

FIGURA 8.3

As regiões nodais do circuito de recompensa.

* Chamamos de sinapses as estruturas situadas no ponto em que ocorre a comunicação entre um neurônio e outro. Nas sinapses, ocorre a liberação do neurotransmissor, uma substância química que pode excitar ou inibir o funcionamento do neurônio seguinte.

As informações trazidas sobre o erro de predição da recompensa são transmitidas a sinapses* que ocorrem no núcleo acumbente, o qual faz parte de uma estrutura maior: o corpo estriado. O corpo estriado mantém com o córtex cerebral uma série de circuitos muito interessantes: eles são circulares, ou reverberantes, pois têm início no córtex, vão ao corpo estriado e, depois de passar por várias sinapses, retornam ao córtex cerebral (Figura 8.4).

Esses circuitos trazem informações sobre demandas originadas no córtex, que serão processadas por um mecanismo de "filtragem" no corpo estriado. Nesse processamento, estão envolvidos dois tipos de circuitos corticoestriados: um

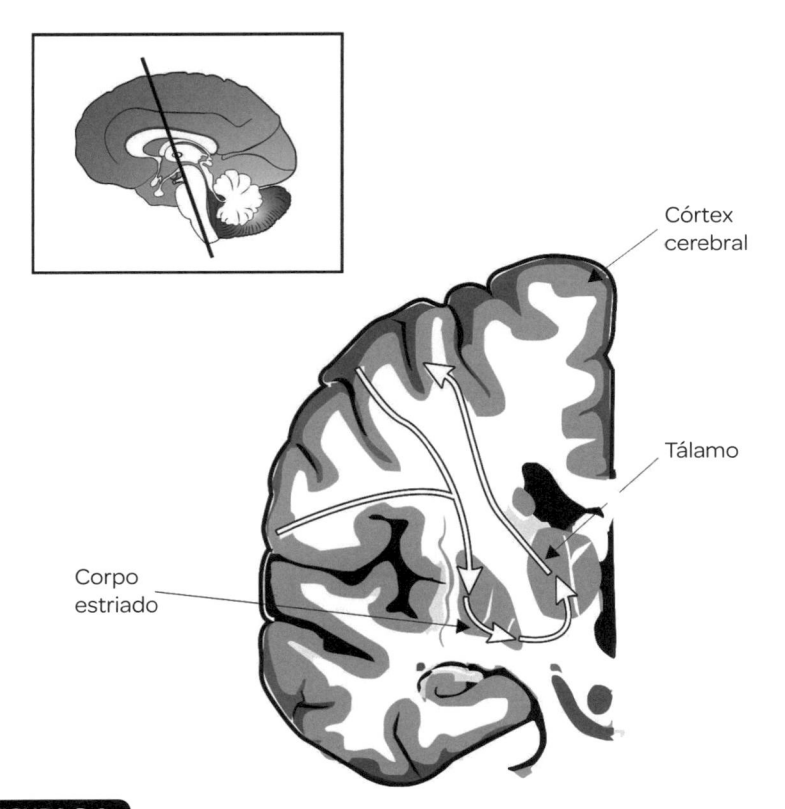

FIGURA 8.4
O esquema mostra a superfície de um corte feito no cérebro (ver detalhe superior esquerdo), no qual pode ser visto o trajeto de um circuito corticoestriado, que liga o córtex cerebral a estruturas da base do cérebro (corpo estriado/tálamo) e retorna ao córtex cerebral.

deles é excitatório, ou liberador para o córtex, e o segundo é inibitório, deprimindo os neurônios cerebrais. Esses circuitos ocorrem em praticamente toda a extensão do córtex cerebral e se dispõem paralelamente uns aos outros. Por meio deles, algumas ações têm permissão para serem executadas, enquanto outras são impedidas de prosseguir (Figura 8.5).

Sabemos que a dopamina tem um efeito facilitador nos circuitos excitatórios e um efeito bloqueador nos circuitos inibitórios. Portanto, quando um erro de predição positivo (liberação de dopamina) é assinalado, alguns circuitos excitatórios tendem a ser ativados. Quando a dopamina não é liberada (erro de predição negativo), isso facilita a ação de circuitos inibitórios. A todo momento, as diversas regiões do córtex cerebral enviam muitas demandas, de forma concomitante, às estruturas subcorticais. Contudo, somente algumas são desbloqueadas, passando por uma competição em que "o vencedor leva tudo". Dessa maneira, alguns comportamentos ocorrem, enquanto outros são inibidos.

Esse mecanismo permite que os circuitos estriados aprendam quais ações são gratificantes e quais não o são. Isso se dá por meio da neuroplasticidade, que modifica as conexões sinápticas nessas regiões. Como vimos, algumas ações

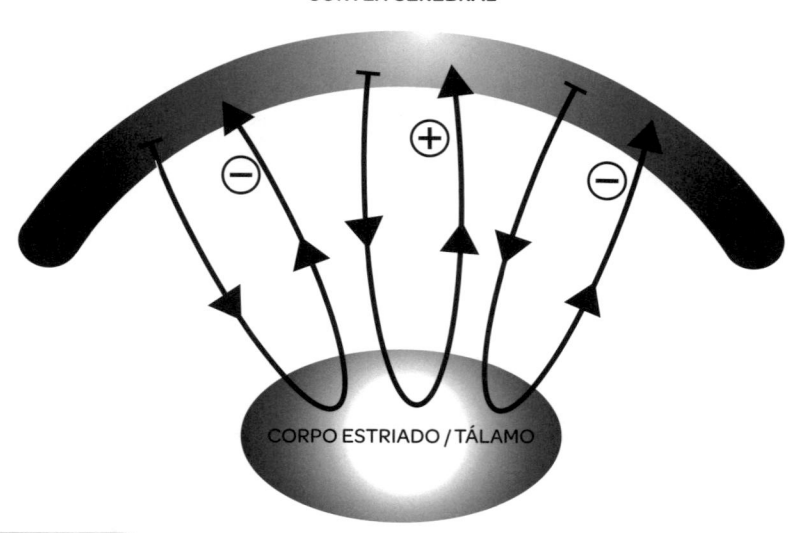

FIGURA 8.5
Circuitos corticoestriados paralelos excitatórios e inibitórios.

serão desencadeadas, enquanto outras serão refreadas, e a repetição do processo pode promover a estabilização de hábitos, que passam a ocorrer de forma automática na presença de determinados estímulos.

É importante considerar que esse é um modelo de funcionamento generalizado, de modo que envolve as diferentes regiões do córtex cerebral. Por isso ele é importante não só para a regulação dos atos motores, mas também para determinar, por exemplo, o conteúdo do pensamento e da atenção, ou para definir o maior valor a ser considerado em determinado momento.

QUE AÇÃO EXECUTAR?

O córtex pré-frontal medial não está envolvido apenas na avaliação dos valores, como vimos, mas é importante também em uma etapa subsequente da tomada de decisão: escolher a melhor ação a ser deflagrada em face do processamento da informação realizado até então. Nesse momento, entram em ação áreas cerebrais situadas um pouco acima das referidas anteriormente (Figura 8.6A), e é incluída também outra região, o cíngulo anterior. As técnicas de neuroimagem revelam que elas têm papel importante na decisão do que fazer. Essas regiões têm comunicação com as áreas do córtex cerebral que controlam a motricidade corporal, as quais irão planejar e executar movimentos ou ações que alcancem os objetivos desejados.

SUPERVISIONANDO O PROCESSO

Finalmente, a última etapa da tomada de decisão corresponde ao gerenciamento da situação. Aqui entra em cena a região dorsolateral do córtex pré-frontal, que pode ser vista na Figura 8.6B. Em termos evolutivos, o córtex pré-frontal é a região mais recente do córtex cerebral, muito mais desenvolvida no cérebro humano do que no cérebro de outros animais.

O córtex pré-frontal dorsolateral (CPFDL) está integrado em várias redes neuronais – recebe e envia informações para muitas outras regiões corticais e subcorticais –, exercendo assim um papel integrador no controle do comportamento. Por isso, ele tem sido comparado a um maestro que se ocuparia de reger a orquestra, representada por outras estruturas e circuitos cerebrais, modulando as chamadas funções executivas, que nos permitem planejar e executar as ações necessárias para atingir nossos objetivos a cada momento.

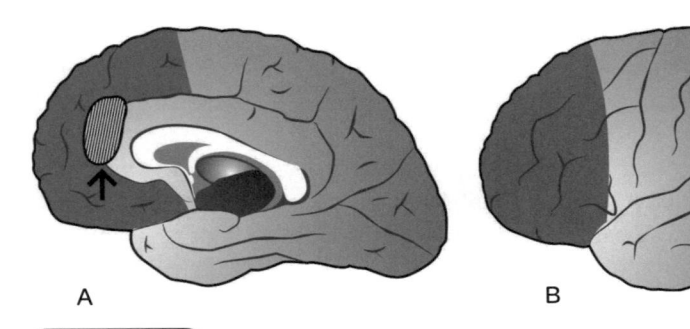

FIGURA 8.6

A) A área demarcada corresponde à região do córtex pré-frontal medial (e do cíngulo anterior) envolvida na escolha das ações a serem desencadeadas ou na decisão do que fazer. **B)** Visão do hemisfério cerebral esquerdo, em que a porção delimitada corresponde ao córtex pré-frontal dorsolateral (CPFDL).

Já vimos que o comportamento dos animais em geral é muito influenciado por suas consequências imediatas. No entanto, o comportamento humano não depende diretamente das gratificações ou penalidades disponíveis no ambiente, mas é comumente guiado por regras ou instruções que, com o uso da memória operacional, têm papel importante para selecionar as ações mais apropriadas e inibir as indesejáveis, mesmo que essas sejam (muitas vezes) habituais. Isso é o que se chama de controle cognitivo.

O comportamento humano pode ser influenciado por conceitos abstratos e crenças, entre os quais se incluem normas sociais e ideais filosóficos, religiosos, culturais, etc. Esses conceitos não geram gratificações imediatas, mas podem oferecer benefícios derivados da cooperação e do tratamento social recíproco. Existem evidências de que o CPFDL é importante na representação desses conceitos abstratos. É interessante lembrar que essas regras precisam levar em conta os objetivos motivacionais relevantes em cada momento, o que é possível porque o CPFDL está ligado às estruturas que processam a estimativa do valor, processando, dessa forma, as associações necessárias.

O córtex pré-frontal dorsolateral aciona o controle cognitivo quando necessário, ativando o que temos denominado processamento T2. Ele é importante no chamado controle episódico, no qual são usadas regras buscadas na memória para guiar ações quando o ambiente é incerto e não fornece pistas imediatas sobre a forma de agir. Admite-se que o CPFDL atua por meio de um modelo de mundo e de situações gerais, que podem guiar o comportamento mesmo na ausência de experiências reais anteriores.

Os seres humanos buscam gratificações que poderão ocorrer no futuro, isto é, em um período de tempo diferente daquele em que as ações são implementadas para obtê-las. O CPFDL tem um papel decisivo na sustentação dessa capacidade. Estudos de neuroimagem mostram que essa área está ativa quando as pessoas fazem escolhas relacionadas com gratificações maiores mas distantes no tempo (em comparação com sua ativação no caso de recompensas menores e imediatas). Aliás, essa ativação é negativamente correlacionada com o sinal que se observa no núcleo acumbente, que responde a recompensas imediatas. O CPFDL é ativado, por exemplo, quando as pessoas escolhem alimentos saudáveis em contraposição a outros, ainda que mais saborosos (benefício futuro *versus* satisfação imediata).

Muitas decisões dependem da análise de múltiplas perspectivas, que podem ter consequências positivas ou negativas. O CPFDL processa aspectos relevantes como a magnitude da gratificação, a probabilidade ou grau de incerteza, o risco envolvido, a demora da recompensa, etc. A computação de toda essa informação irá permitir uma escolha mais adaptativa. Portanto, quanto maior é o número de variáveis envolvidas, maior é o envolvimento do CPFDL.

É interessante lembrar que muitas ações são aprendidas e levam a resultados satisfatórios, mas fixar-se em determinados comportamentos pode impedir, por outro lado, a descoberta de procedimentos mais eficientes. Algumas pesquisas evidenciam que o CPFDL (principalmente suas regiões mais anteriores) atua para comparar ações que estão sendo executadas com outras ações alternativas (imaginadas) que podem ter um valor potencial mais interessante. Isso promove a flexibilidade comportamental, que envolve a inibição do comportamento corrente e sua substituição por outro que pode levar, de forma mais eficiente, à obtenção dos objetivos almejados.

Estudos sugerem que existe um gradiente na organização estrutural do CPFDL: as representações mais abstratas ocorreriam nas suas porções mais anteriores, enquanto as mais simples seriam processadas em regiões mais posteriores. Essas últimas parecem representar regras mais simples e expectativas de resultados motivacionais mais diretamente ligados ao ambiente. As porções intermediárias seriam ativadas quando o ambiente não fornece pistas claras e é preciso utilizar a memória ou simular situações futuras, utilizando regras mais complexas ou abstratas para chegar a uma decisão. Finalmente, a porção mais anterior seria recrutada quando são necessárias muitas regras ou conceitos, que irão envolver mais flexibilidade comportamental. Novas pesquisas, no entanto, são necessárias para que conclusões mais abrangentes e precisas possam ser estabelecidas.

AS EMOÇÕES E A HIPÓTESE DO MARCADOR SOMÁTICO

Como mencionamos anteriormente, as teorias econômicas da tomada de decisão não levam em conta a influência das emoções nesse processo. No entanto, a observação cotidiana, agora respaldada por estudos e dados científicos, indica que uma decisão racional deve considerar o processamento emocional.

Uma emoção é constituída, como já vimos, por um conjunto de alterações no corpo e nos processos mentais, deflagradas por uma situação ou objeto que tem especial relevância para o indivíduo. Quando algo importante acontece, essa informação é processada em estruturas cerebrais que irão desencadear mudanças na musculatura do corpo, no ambiente químico interno e nas vísceras (batimentos cardíacos, contrações viscerais, secreções hormonais). O comportamento também se altera em decorrência de todas essas modificações.

As informações de caráter afetivo chegam ao cérebro e podem ser percebidas de forma consciente pelo indivíduo, mas hoje sabemos que existem duas vias distintas e duas formas de processamento dessas informações. Uma dessas vias chega diretamente a um aglomerado de neurônios no lobo temporal, que chamamos de amígdala cerebral (devido ao seu formato, que lembra o de uma amêndoa) (Figura 8.7). A amígdala recebe informações sobre os estímulos presentes no meio ambiente, mas também está informada sobre o que se passa no interior do corpo. Dessa forma, ela pode avaliar se determinado estímulo é importante e se tem, nesse caso, um significado emocional. Em caso positivo, a amígdala mobiliza outras estruturas cerebrais, provocando as mudanças que mencionamos anteriormente, mas também influenciando o processamento cognitivo (a atenção e a percepção, por exemplo). Entretanto, existe outra via que leva a mesma informação até o córtex cerebral, onde ocorre a percepção consciente do que está ocorrendo. Devido à existência dessas duas vias, a amígdala pode desencadear as respostas emocionais antes mesmo que seja possível uma percepção ou uma avaliação consciente. As respostas emocionais podem ocorrer de forma automática, sem supervisão dos processos conscientes.

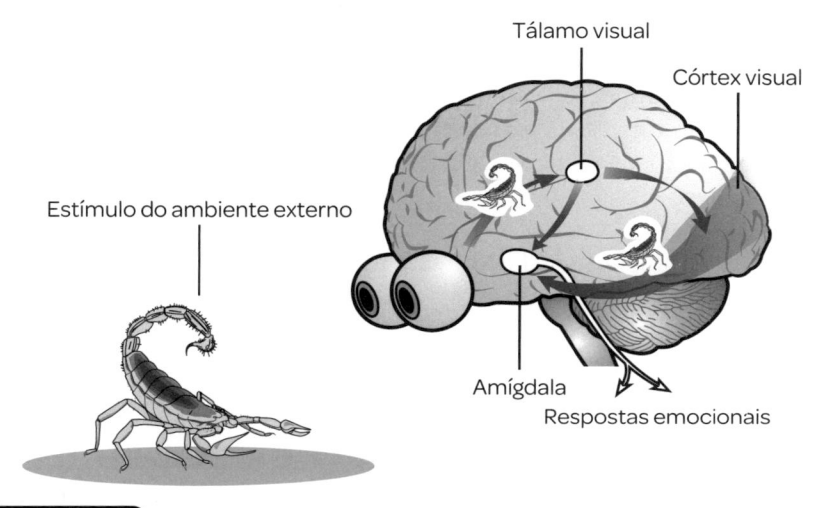

FIGURA 8.7
A dupla via de acesso dos estímulos emocionais: uma via direta, para a amígdala cerebral, e outra indireta, que vai ao córtex cerebral.

As modificações corporais periféricas têm um papel importante na maneira como as emoções influenciam as escolhas e decisões. Tais modificações são percebidas por receptores sensoriais periféricos e conduzidas até o cérebro, onde são processadas em estruturas especializadas, como a ínsula. Essas informações, que têm origem principalmente no interior do corpo, sendo denominadas informações interoceptivas, constituem o que António Damásio chama de marcadores somáticos (soma = corpo).

Damásio e seus colaboradores elaboraram uma hipótese que procura integrar os mecanismos emocionais ao processo de tomada de decisão. Suas observações tiveram origem no estudo de pacientes com lesões pré-frontais que, embora apresentassem nível de inteligência normal, tinham enormes problemas na tomada de decisão nas áreas pessoal ou social. De acordo com os pesquisadores, o problema seria decorrente da incapacidade de fazer uso dos chamados marcadores somáticos, um mecanismo sutil capaz de compreender rapidamente as consequências de uma ação, ajudando na seleção de uma resposta mais apropriada.

Dito de outro modo, as respostas desencadeadas pelo cérebro nas estruturas periféricas em uma situação emocional são percebidas e retornam ao cérebro sob a forma de um marcador somático, constituindo uma "alça corporal" (Figura 8.8), que influencia o processamento da situação como um sentimento emocional. Sua função seria atrair a atenção, promovendo a correção do comportamento em curso e a busca de alternativas mais eficazes. Os marcadores somáticos poderiam, assim, aumentar a eficiência e a precisão do processo de tomada de decisão.

A capacidade computacional do cérebro é limitada, e é praticamente impossível processar conscientemente todos os dados disponíveis antes de tomar uma decisão. Uma forma de lidar com esse problema, propõe Damásio, seria levar em conta o sentimento derivado das sensações corporais antes mesmo de ocorrer uma análise cognitiva mais completa. Os marcadores somáticos geram sentimentos – decorrentes das emoções – que foram aprendidos pela experiência de vida do sujeito: a alça corporal poderia "reencenar" uma situação que já ocorreu no passado. Com a aprendizagem, essas sensações tendem a se tornar sutis, prescindindo mesmo da percepção consciente das respostas viscerais.

Damásio sugere ainda que, quando as experiências do indivíduo se dão em um ambiente anômalo, os marcadores somáticos podem não se desenvolver da maneira adequada. Isso ocorreria, por exemplo, no caso de psicopatas, que podem cometer crimes extremamente cruéis sem sentir as emoções que, em uma pessoa normal, atuariam para corrigir seu comportamento. Eles simplesmente são incapazes de se colocar na situação de suas vítimas, pois têm total ausência de empatia. Lesões nas estruturas cerebrais envolvidas nesse processamento também podem fazer com que os pacientes não sejam capazes de utilizar o marcador somático para uma tomada de decisão adequada.

MÚLTIPLOS SISTEMAS DE DECISÃO

Quando se examina nosso processo de tomada de decisão, fica claro que há no cérebro mais de um sistema de seleção de ações, portanto temos que considerar a presença de vários sistemas de decisão. Muitos pesquisadores têm destacado pelo menos três sistemas importantes: o sistema pavloviano, o sistema de hábitos e o sistema deliberativo. Naturalmente, esses estudiosos deixam de considerar, como já foi dito, o sistema emocional. O processamento que ocorre nesses sistemas foi mencionado anteriormente (ver o Capítulo 1).

O sistema pavloviano, ou impulsivo, controla comportamentos inatos, desenvolvidos ao longo do processo evolutivo e desencadeados de forma automática.

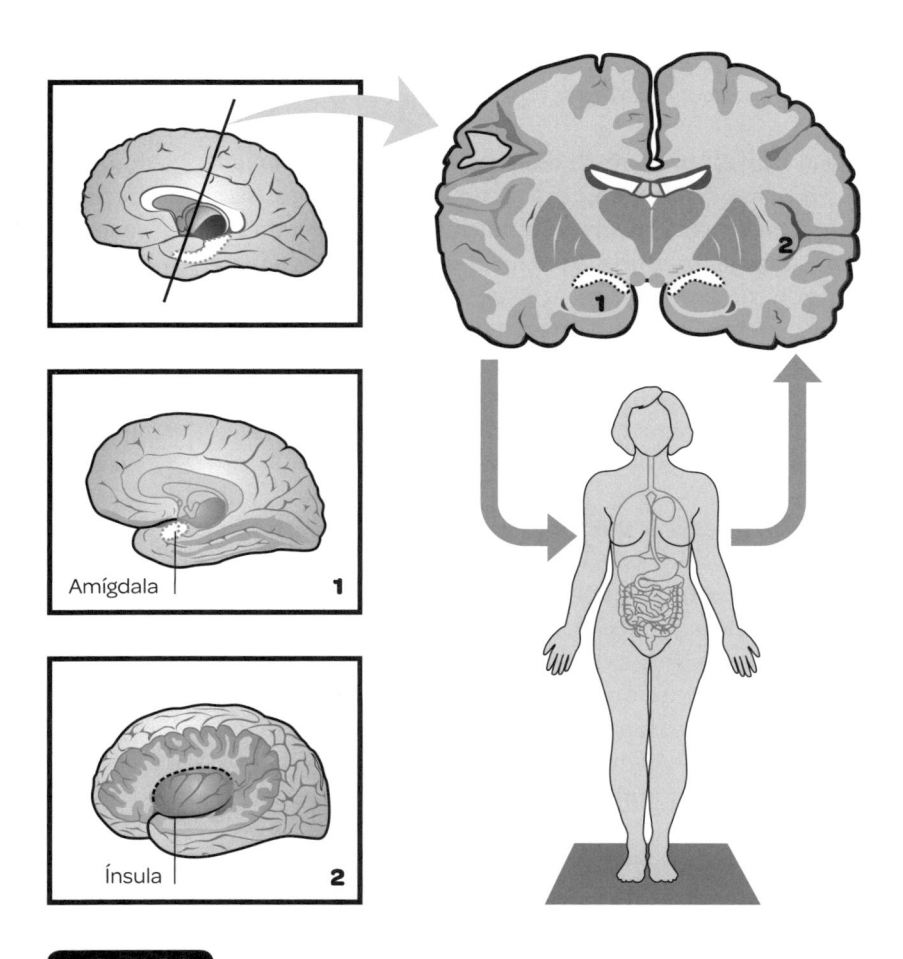

FIGURA 8.8

Uma visão da "alça corporal". A hipótese do marcador somático sugere que as modificações ocorridas no corpo nas situações emocionais são importantes para levar informações ao cérebro, as quais serão utilizadas na tomada de decisão. Veem-se algumas estruturas cerebrais particularmente importantes, como a amígdala **(1)** e a ínsula **(2)**.

Eles são importantes na regulação de comportamentos ligados à alimentação, à reprodução, à aproximação ou agressão, etc. No nosso cotidiano, as decisões geradas pelo sistema pavloviano podem levar ao desenvolvimento de comportamentos inadequados como a superalimentação, o vício em drogas ou a opção pela gratificação imediata em detrimento de gratificações melhores no futuro.

Estruturas nervosas como a amígdala, o corpo estriado ventral e o córtex orbitofrontal estão envolvidas nesse processamento.*

O sistema de hábitos controla escolhas e decisões relacionadas a comportamentos rotineiros, que compreendem não só ações, mas também processos mentais. Esse sistema envolve o condicionamento operante ou instrumental, uma aprendizagem que ocorre por meio de gratificações positivas, que levam à repetição do comportamento, ou de penalidades, que levam à sua diminuição ou extinção. À medida que ocorre repetição, as ações tornam-se cada vez mais automáticas e resistentes à mudança e, mesmo na ausência de um objetivo imediato, elas podem ser desencadeadas, bastando apenas a presença de uma deixa ambiental. Os circuitos dopaminérgicos e corticoestriados são importantes na modulação do sistema de hábitos.

Finalmente, o sistema deliberativo funciona com base em um modelo de mundo e prescinde da presença de gratificações imediatas ou de experiências prévias da situação. Ele permite a simulação das consequências das alternativas comportamentais por meio de inferências que visam à escolha daquilo que é melhor no contexto existente. No sistema deliberativo, a atenção sustentada (ou atenção executiva) é importante, e o custo computacional é mais alto. O córtex pré-frontal, o corpo estriado e o hipocampo (uma estrutura do lobo temporal que atua no processamento da memória e na imaginação de eventos futuros) são particularmente importantes no processamento do sistema deliberativo.

O sistema deliberativo está relacionado com o processamento T2, enquanto os sistemas anteriormente descritos estão relacionados com o processamento T1. A avaliação do valor é importante no processamento desses três sistemas, portanto o córtex pré-frontal ventromedial estará sempre envolvido. Todavia, a avaliação é independente para os diferentes sistemas, de modo que pode levar a decisões distintas e mesmo conflitantes. Assim, com frequência ocorre uma competição entre eles. Nesse caso, como vimos em vários dos capítulos anteriores, a decisão final poderá pender para um desses processamentos, em detrimento dos demais.

---

* Os interessados poderão obter mais informações sobre essas estruturas em livros de neuroanatomia, como o citado na bibliografia selecionada.

EM SÍNTESE

1. Podemos identificar no cérebro circuitos e estruturas envolvidos em várias etapas do processo de tomar uma decisão e implementá-la. As neurociências que estudam esse processo levam o nome de neuroeconomia, já que a tomada de decisão foi, por muito tempo, um objeto de estudo das ciências econômicas.

2. A identificação do que vale a pena em face da disponibilidade ambiental e das necessidades do organismo é uma etapa fundamental da tomada de decisão. A determinação do valor tem um centro cerebral importante para essa avaliação localizado no córtex pré-frontal ventromedial.

3. A atualização dos valores é regulada por circuitos que têm como neurotransmissor a dopamina, os quais são denominados circuitos de recompensa. Durante muito tempo, pensava-se que a liberação da dopamina provocava uma sensação de prazer, mas hoje está claro que ela sinaliza, na verdade, a sensação de que algo interessante pode ocorrer. A sinalização está mais próxima do "eu quero" do que do "eu gosto".

4. A dopamina regula circuitos recorrentes que vão do córtex ao corpo estriado e retornam à sua origem. O córtex cerebral dá origem a demandas que poderão ser atendidas ou não, dependendo da excitação ou da inibição desses circuitos, controladas pelas vias dopaminérgicas. Com isso, algumas ações são liberadas, enquanto outras são refreadas. Se uma ação é liberada, o córtex pré-frontal e o cíngulo anterior atuam para acionar a programação e a execução de atos motores relacionados com a decisão tomada.

5. Outra região do córtex pré-frontal, essa localizada na parte dorsolateral do hemisfério, é importante para supervisionar todo o processo: o córtex pré-frontal dorsolateral (CPFDL). Ele coordena as estratégias comportamentais, participando do planejamento e da execução das condutas dos indivíduos. Além disso, promove a flexibilização das ações e a sua inibição quando os objetivos não estão sendo alcançados por determinada ação. O CPFDL ainda está envolvido no planejamento

EM SÍNTESE

a longo prazo (quando o comportamento não é regulado por gratificações imediatas).

6. As emoções estão envolvidas nos processos de tomada de decisão, e as informações de caráter afetivo são levadas a vários centros cerebrais importantes, destacando-se a amígdala cerebral. A amígdala dedica-se a identificar as informações emocionalmente relevantes e ativa circuitos e estruturas responsáveis pelas respostas periféricas das emoções. Encarrega-se também de modificar a atenção e a percepção. A amígdala recebe uma via direta dos receptores sensoriais e pode desencadear respostas ainda antes que as informações atinjam o córtex cerebral, onde são percebidas de forma consciente. Portanto, as respostas emocionais podem ocorrer de modo automático, sem supervisão dos processos conscientes.

7. As emoções geram sentimentos, que são decorrentes das informações interoceptivas levadas ao cérebro. Os sentimentos se constituem num marcador somático, que parece ser importante para a geração de respostas em decisões tomadas de forma intuitiva e automática, sem supervisão consciente.

8. Não temos um sistema único para tomar decisões. Além do sistema emocional, podemos identificar pelo menos três sistemas importantes: o sistema pavloviano, o sistema de hábitos e o sistema deliberativo. Eles podem competir entre si e, nesse caso, a decisão final será derivada de um deles, em detrimento dos demais.

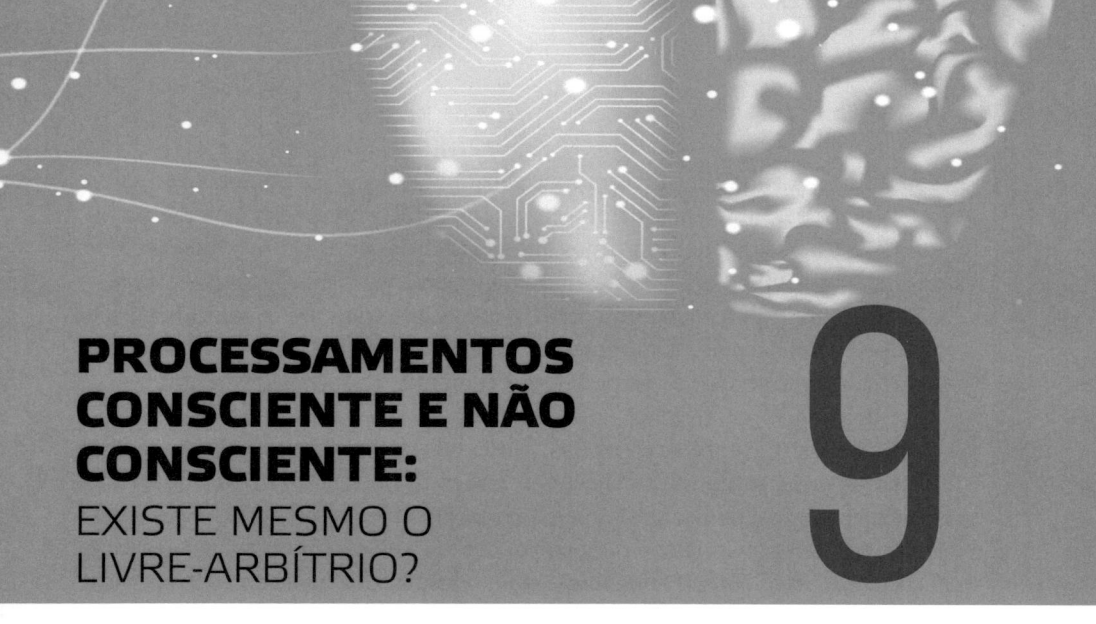

PROCESSAMENTOS CONSCIENTE E NÃO CONSCIENTE:
EXISTE MESMO O LIVRE-ARBÍTRIO?

9

> Os homens acreditam ser livres simplesmente porque são conscientes de suas ações, e inconscientes das causas que as determinam.
> **Spinoza**

Nos capítulos precedentes, vimos como nossa cognição e nosso comportamento são frequentemente regulados pelos processamentos não conscientes que ocorrem em nosso cérebro. Esses processamentos são a regra, não a exceção, mesmo porque podem ser eficientes na maior parte do tempo e têm um custo energético de funcionamento muito menor. O processamento consciente só é mobilizado quando surge uma real necessidade e, frequentemente, é percebido como incômodo, por conta de nossa avareza cognitiva.

Contudo, temos a sensação de estarmos conscientes o tempo todo e acreditamos que estamos no controle de nossas ações. Essa sensação de consciência precisa, então, ser mais bem definida, para compreendermos sua base neuropsicológica e sua importância no nosso cotidiano.

Existem diversas concepções do que seja a consciência. Uma delas diz respeito aos estados que vão da vigília ao sono e mesmo aos estados patológicos, como o coma. Nesse sentido, estamos conscientes quando estamos no estado de vigília e perdemos a consciência quando adormecemos. Uma segunda concepção nos remete à questão da autoconsciência, a capacidade que temos de pensar sobre nós mesmos e sobre os nossos pensamentos. Nessa perspectiva, parece que a espécie humana possui uma consciência diferente da dos outros animais, mas não é a isso que nos referimos quando falamos de um controle consciente, pois há ainda uma terceira concepção da consciência. Tal concepção está relacionada com a percepção ou o acesso consciente que temos às informações sensoriais originadas nos ambientes externo e interno, bem como a nossos processos cognitivos – o que podemos chamar de nosso espaço mental.

Essa terceira concepção é a que nos interessa nesse momento, e devemos levar em conta que esse tipo de consciência pode ser subdividido em: (a) consciência fenomenológica, que consiste na experiência subjetiva de nossas sensações e sentimentos emocionais, a qual existe como pano de fundo quando estamos acordados, e (b) consciência reflexiva ou pensamento consciente, que envolve o raciocínio e a reflexão. Nossos processamentos não conscientes – os processamentos T1 – coexistem com a consciência fenomenológica, mas a consciência reflexiva está ligada ao processamento T2, e é a ela que nos referimos quando falamos em controle consciente do comportamento e da cognição. A consciência reflexiva deriva do processamento de informações explícitas em nossa memória operacional. Ela indica que o processamento T2 está engajado numa tarefa ou num objetivo.

Em nosso cérebro, existem inúmeros circuitos ou conexões locais, que permitem a atividade de módulos funcionais capazes de processar informações de forma rápida e eficiente. Ao mesmo tempo, existem conexões de longa distância, que comunicam o processamento a outras regiões e estruturas cerebrais. Essa arquitetura garante melhor eficiência nos processamentos locais ao mesmo tempo que permite a integração desses processamentos em uma rede global. A maior parte do processamento que ocorre no cérebro se faz nesses módulos funcionais, de forma não consciente, mas interferindo em nossas decisões comportamentais, como vimos nos muitos exemplos citados nos capítulos anteriores. O processamento consciente parece estar ligado à ativação dos circuitos de longa distância, capazes de coletar as informações de vários processadores, compará-las e, a partir daí, gerar uma síntese, a qual será, por sua vez, difundida no espaço global.

Experimentos têm mostrado que, quando nos tornamos conscientes de uma informação, subitamente aparece um padrão de atividade elétrica de larga escala no nosso cérebro: uma ignição geral. É como uma avalanche que faz com que muitas áreas cerebrais disparem de forma sincronizada, sinalizando a atividade consciente. O processamento consciente examina uma amostra do que ocorre de forma não consciente e parece adotar uma visão simplificada – um sumário do que está ocorrendo –, que irá influenciar a tomada de decisão.

Deve-se notar que o processamento consciente funciona em série, ou seja, somente um processamento pode se tornar consciente de cada vez, já que os circuitos envolvidos nele não podem se engajar simultaneamente no processamento de outro estímulo. Concentrar-se em um estímulo pode mesmo impedir que se perceba outro estímulo simultâneo, e existe até um período refratário entre o processamento consciente de dois estímulos. Esse conhecimento deveria ser levado em conta no mundo em que vivemos, que nos incentiva a responder a muitas informações e tarefas ao mesmo tempo. A atenção consciente, na verdade, não pode ser dividida.

Uma questão muito importante a se considerar é que o controle consciente da vontade e o acesso aos processos não conscientes são diferentes. Os seres humanos não podem saber, pela introspecção, o que de fato ocorre nos seus diversos processamentos cognitivos. Não temos acesso ao conteúdo dos processamentos inconscientes e, portanto, não podemos relatar o que está se passando neles. Para a consciência, aflora uma fração das possibilidades de interpretação do que está ocorrendo no mundo interior. No entanto, o processamento consciente formula teorias e constrói uma narrativa sobre as razões do comportamento observado. Experimentos realizados nos Estados Unidos na segunda metade do século XX nos mostram como isso pode ocorrer.

Michael Gazzaniga, um dos cientistas mais destacados na área das neurociências cognitivas, foi responsável pela realização de muitos trabalhos com sujeitos de cérebro bipartido – com seus dois hemisférios funcionando isoladamente – por secção do corpo caloso (Figura 9.1). Algumas pessoas nascem sem o corpo caloso, e no século passado ele era algumas vezes seccionado por meio de cirurgias que tinham o objetivo de impedir que um foco epiléptico presente em um hemisfério prejudicasse o hemisfério oposto. Nesses casos, as duas metades do cérebro podem funcionar de forma independente, e as informações processadas em um hemisfério não têm acesso direto ao hemisfério contralateral. As pessoas com o corpo caloso seccionado podem ter uma vida normal, mas algumas características especiais aparecem quando elas são examinadas no laboratório.

Em alguns dos seus experimentos, Gazzaniga e seus colaboradores faziam com que os pacientes com os hemisférios cerebrais isolados fixassem o olhar no centro de uma tela à sua frente. Nessa tela, eram então projetadas figuras ou informações, que podiam ser diferentes nas metades esquerda ou direita da tela. Numa situação como essa, as informações projetadas no lado direito do campo visual são direcionadas, pelas vias visuais, ao hemisfério do lado esquerdo. Ao mesmo tempo, as informações presentes do lado esquerdo da tela chegam ao hemisfério direito (Figura 9.1).

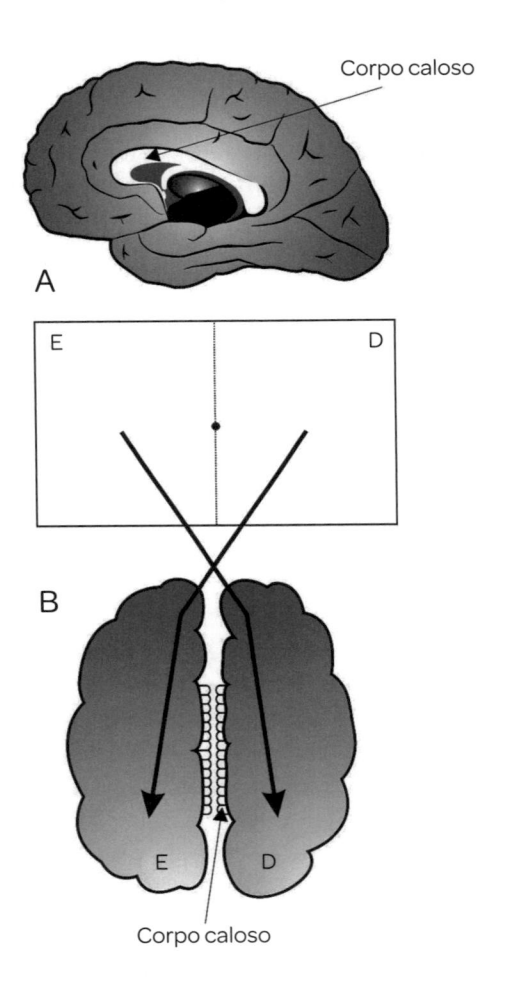

FIGURA 9.1

A) Visão medial do hemisfério cerebral direito, em que se pode ver o corpo caloso, o principal feixe de fibras nervosas que fazem a comunicação entre os dois hemisférios cerebrais. **B)** Esquema do experimento de Gazzaniga mostrando que o campo visual do lado direito se projeta para o hemisfério esquerdo e que o hemisfério direito recebe as informações vindas do lado esquerdo. No cérebro em questão, o corpo caloso foi seccionado. D = direito; E = esquerdo.

Para compreendermos os experimentos de Gazzaniga, precisamos saber ainda que o hemisfério esquerdo é onde se localizam, na maior parte das pessoas, as regiões que lidam com a linguagem. Assim, as informações projetadas no lado direito da tela podiam ser descritas verbalmente, pois chegavam a essas áreas no hemisfério esquerdo. Isso não acontecia com as informações projetadas do lado esquerdo: o hemisfério direito recebe e processa as informações a ele direcionadas, mas não tem o controle da linguagem. Nas pessoas normais, a informação que chega a um hemisfério é levada ao outro hemisfério por meio do corpo caloso, mas isso não podia ocorrer naqueles pacientes, que tinham o corpo caloso interrompido por uma secção. Outro dado que precisa ser conhecido é que o hemisfério direito comanda os movimentos da metade esquerda do corpo, enquanto o hemisfério esquerdo comanda a motricidade do lado direito.

A Figura 9.2 mostra um dos experimentos de Gazzaniga, em que uma paisagem cheia de neve é projetada no lado esquerdo da tela e um pé de galinha é projetado à direita. A projeção ocorria muito rapidamente e, em seguida, pedia-se ao paciente que indicasse, entre as figuras situadas abaixo da tela, aquelas que tivessem uma associação com o que eles tinham visto anteriormente.

Como mostrado na Figura 9.2, o paciente aponta uma galinha com a mão direita e uma pá com a mão esquerda. Quando os participantes eram questionados sobre suas escolhas, a resposta típica era: "Eu vi um pé de galinha e escolhi a galinha, mas, como esse bicho faz muita sujeira, eu escolhi a pá, para limpar". Note-se que a mão esquerda foi comandada pelo hemisfério direito, que viu a cena da neve, à qual o hemisfério esquerdo não teve acesso. Contudo, ao ver a mão esquerda apontando a pá, o paciente criou, por intermédio do hemisfério esquerdo (que controla a linguagem), uma narrativa verbal – plausível – para justificar esse comportamento. Pode-se argumentar que essas observações foram obtidas em uma situação experimental, no laboratório, mas é fácil observarmos como isso acontece, de forma análoga, em situações frequentes no nosso cotidiano. Observamos um comportamento e temos imediatamente uma explicação para ele, ainda que ela não seja, necessariamente, verdadeira.

A partir de muitos desses experimentos, Gazzaniga elaborou a teoria do intérprete: o processamento consciente, geralmente ligado à linguagem, funcionaria como um intérprete que raciocina em termos de causa e efeito e explica o mundo a partir do estado cognitivo corrente e das deixas observadas no ambiente. Ele junta as informações internas e externas e sintetiza tudo em

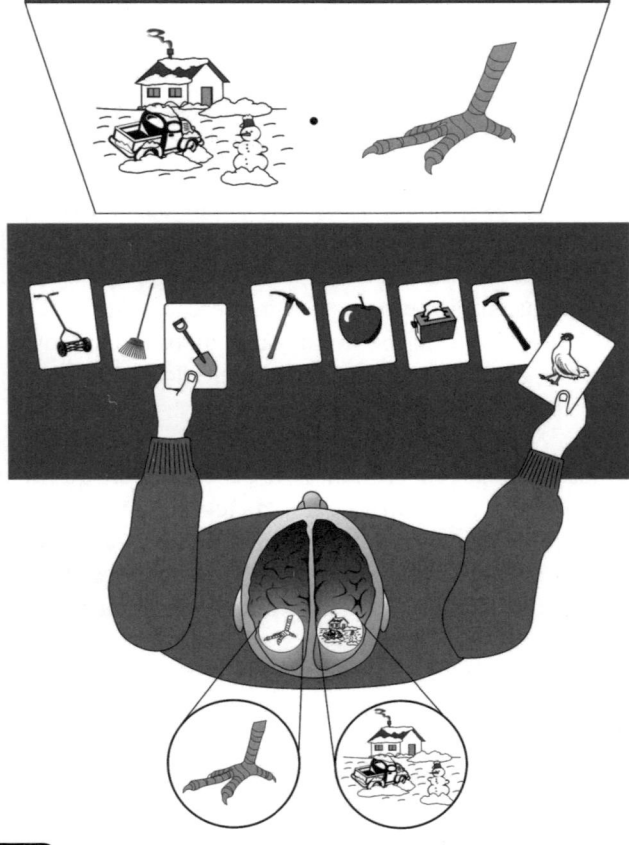

FIGURA 9.2

Um dos experimentos de Michael Gazzaniga, em que duas informações diferentes são direcionadas aos dois hemisférios cerebrais.

uma narrativa. O intérprete busca o cerne de uma história e aceita qualquer coisa que se encaixe nesse esquema, descartando o que não se adapta. Nós usamos esse módulo do intérprete o tempo todo, por isso temos a sensação de que estamos no comando consciente de nossas ações.

Como temos a oportunidade de observar continuamente nosso comportamento, as teorias elaboradas pelo intérprete costumam ser coerentes e possíveis, mas não são necessariamente corretas, pois trata-se, na verdade, de uma confabulação. Sentimos, a todo momento, que estamos exercendo uma vontade consciente e que estamos no comando, o que não é evidência de que isso esteja de fato acontecendo.

As neurociências têm repetidamente demonstrado que processos mentais são decorrentes do funcionamento cerebral e que o sentimento de um eu é resultante de um processamento distribuído, independente de um comando. Não existe uma localização cerebral específica para esse comando. O eu consciente parece não ser mais do que uma narrativa tecida por um intérprete a partir das informações que ele incorpora, ao mesmo tempo que racionaliza e ignora outras tantas.

O processamento consciente é lento e leva algum tempo para analisar as diversas possibilidades até chegar a uma conclusão, que deverá ser compatível com as possibilidades apresentadas pelos processamentos não conscientes. A conclusão a que chega é, no entanto, apenas uma interpretação provável, que não elimina a possibilidade de outras interpretações diferentes, como vimos no caso dos pacientes com o corpo caloso seccionado.

Como o processamento consciente só ocorre depois de algum tempo, ele é atrasado em relação ao tempo real. Por exemplo, só nos tornamos conscientes de um estímulo sensorial uma fração de segundo depois que ele é apresentado. Contudo, o cérebro faz um ajuste, de tal modo que temos a impressão de que não houve qualquer defasagem.* Da mesma forma, existe um descompasso temporal entre nossas ações motoras e o processamento consciente que nos dá a sensação de executá-las.

Benjamin Libet, trabalhando na Universidade da Califórnia, em San Francisco, realizou várias experiências em que solicitava que os sujeitos executassem atos motores simples, como movimentar o punho, em momentos que eles julgassem que tinham vontade de fazê-lo. Não havia, portanto, uma instrução externa para a iniciação do movimento. Ao mesmo tempo, era registrada continuamente a atividade elétrica do cérebro dessas pessoas, por meio de eletrodos colocados na superfície do seu crânio. Os resultados mostraram que, cerca de meio segundo *antes* da execução do movimento, já havia uma modificação da atividade elétrica do cérebro em regiões que lidam com os comandos moto-

---

* Uma experiência fácil de executar demonstra esse fato: se roçamos o dedo indicador na ponta do nariz, sentimos uma sensação simultânea no dedo e no nariz. No entanto, o caminho do dedo até o cérebro é maior e leva mais tempo para ser percorrido. O cérebro se encarrega de eliminar a diferença e promover a sensação de simultaneidade.

res. Libet pediu ainda que os mesmos sujeitos assinalassem o momento em que tomavam a decisão de realizar aquela ação e pôde observar que isso ocorria 350 milissegundos *depois* da atividade elétrica mencionada. Portanto, a consciência de comandar um movimento ocorre *depois* que o cérebro começou (de forma não consciente) a acioná-lo.

Ao que parece, os atos que consideramos voluntários são, na verdade, processados de forma não consciente pelo cérebro. O "querer consciente" não é o início do processo de realizar ações voluntárias, mas faz parte da cadeia de eventos que ocorrem quando executamos esses movimentos. Devemos considerar, contudo, que a intenção consciente ainda ocorre antes de o ato ser iniciado (cerca de 200 milissegundos), e durante esse período a pessoa pode impedir, ou vetar, a consumação do movimento.

Experimentos como os que relatamos nos levam à conclusão de que não existe um ser consciente unitário que dirige os processos automáticos ocorrendo no cérebro. Nosso eu consciente é uma criação desses processos e, na verdade, não podemos iniciar ou ter a experiência de qualquer atividade que eles já não estejam processando. Se prestarmos atenção, iremos observar que nossos pensamentos não são gerados por um eu consciente, mas "aparecem" para ele.

Outros pesquisadores obtiveram resultados semelhantes aos de Libet, e a utilização de técnicas de neuroimagem (ressonância magnética funcional) revelou que certas regiões cerebrais, como a porção mais anterior do córtex frontal, já alteram seu funcionamento até 10 segundos antes que uma ação consciente seja percebida como voluntária! Esses achados desafiam o conceito, tão caro aos seres humanos, de que possuímos livre-arbítrio, a crença generalizada de que as ações humanas são expressão de uma escolha pessoal não determinada por forças externas como o destino ou um Deus.

Segundo o psicólogo Daniel Wegner, esses achados experimentais podem indicar que as ações voluntárias são usualmente acompanhadas por uma "experiência de vontade", um sentimento de que causamos a ação por uma força mental interna. Essa vontade, no entanto, seria apenas uma sensação gerada pelo cérebro da pessoa que age, sem ser inerente à ação: as pessoas têm uma sensação de vontade consciente quando interpretam o seu próprio pensamento como a causa de suas ações.

O fato é que a ação e a crença de que se controla essa ação não estão inevitavelmente ligadas. Existem síndromes neurológicas que provocam o aparecimento de movimentos involuntários os quais, embora tenham sido gerados pelo cérebro, não são entendidos pelo sujeito como originários de sua vontade. Por outro lado, podemos ter uma ilusão de controle: a percepção de estarmos realizando uma ação quando isso, na verdade, não está ocorrendo. Essa situação ocorre, por exemplo, em experimentos em que os sujeitos pensam controlar os movimentos de um objeto na tela de um computador por meio de um *joystick* desligado. Experiência semelhante, citada no Capítulo 6, ocorre quando se jogam dados com a sensação de que o resultado pode ser controlado.

Wegner propõe que a vontade consciente se encaixa numa concepção maior, que é a nossa tendência de raciocinar em termos causais e de atribuir intenções às entidades que se movem de forma autônoma, atuando sobre o ambiente. Mesmo figuras geométricas que se deslocam em uma tela de computador de forma determinada (um triângulo perseguindo um quadrado, por exemplo) podem nos dar a sensação de que o fazem intencionalmente. Atribuímos a elas a qualidade de agentes.

Não só os seres vivos, mas também robôs e mesmo *softwares* podem interagir com o ambiente de uma forma aparentemente intencional. Quando se trata de seres vivos, nós costumamos atribuir as intenções à presença de uma mente – que, para nós, seria detentora de uma vontade. As ações humanas, em particular, nos levam a pensar que são originadas de uma mente que funciona como um agente causal. Constituem a chamada teoria da mente.

Os psicólogos acreditam que os seres humanos, ao observar seus semelhantes, têm a habilidade de deduzir que os outros têm processos mentais cognitivos e afetivos, como desejos, intenções, crenças e emoções. Essa habilidade, que talvez só exista em nossa espécie, tem sido chamada de teoria da mente e parece ser essencial para a boa interação social.* Várias estruturas e circuitos distribuídos no cérebro contribuem para a sustentação dessa capacidade, que parece ser utilizada também para a nossa própria introspecção: acabamos por criar uma teoria sobre nós mesmos, da mesma maneira que fazemos com as outras pessoas. Por esse processo, acreditamos que somos agentes capazes de explicar nosso comportamento.

---

* É interessante notar que os indivíduos autistas não têm essa capacidade desenvolvida, o que estaria no cerne dos seus problemas.

O fato é que as ações voluntárias, ou pelo menos aquelas que são imediatas, têm origem no cérebro em atividades que antecedem em muito a experiência consciente. O livre-arbítrio, nesse caso, é apenas a interpretação que surge em nosso módulo de leitura mental. Não temos acesso às reais causas do nosso comportamento e ficamos com uma explicação mais simples: fizemos porque queríamos fazer.

Mas, se não controlamos conscientemente as nossas ações imediatas, onde se originam nosso comportamento e nossas decisões? Pode-se responder: numa grande variedade de impulsos adaptativos originados em programações biológicas evolutivas, nas nossas normas e valores culturais, nas nossas experiências pessoais em situações semelhantes e nas influências sociais e ambientais do momento. Tudo isso tem o poder de provocar tendências comportamentais e tudo isso funciona sem a necessidade de um processamento consciente central.

Ao longo do desenvolvimento intrauterino, nosso cérebro é construído a partir de informações genéticas que determinam sua anatomia básica e delineiam os principais circuitos que ligam suas estruturas internas. Contudo, o sistema nervoso possui uma imensa plasticidade, permitindo que fatores ambientais, internos e externos, contribuam para moldar os detalhes de sua estruturação. Por ocasião do nascimento, os cérebros de dois gêmeos univitelinos, ou seja, com a mesma instrução genética, já serão diferentes porque terão interagido com o próprio corpo e o ambiente externo de forma desigual. A criança recém-nascida, por sua vez, começa a relacionar-se com o ambiente, principalmente o ambiente social, de tal forma que em pouco tempo ela já será diferente de outras crianças nascidas em outro ambiente social ou cultural.

Nosso sistema nervoso é "aberto", e sua "afinação" (ou os detalhes de suas conexões) será providenciada pelas interações com o próprio corpo e com o ambiente. O que chamamos de mente é o resultado da interação de nosso sistema nervoso com o corpo e o ambiente externo: podemos dizer que a mente é não só corporificada, mas também estendida ao ambiente.

As condições culturais, principalmente, irão moldar o cérebro ao longo da vida, de forma automática e inconsciente, tornando o indivíduo um membro daquela comunidade. As normas culturais, a linguagem e os valores vão sendo incorporados na própria dinâmica do funcionamento cerebral, delimitando a maneira como a pessoa percebe o mundo e se comporta naquele ambiente. Dessa forma, não podemos, na verdade, separar mente, corpo e cérebro, já que os processos mentais são, como dissemos, corporificados e estendidos à interação com o ambiente.

Ao longo dos capítulos precedentes, tivemos a oportunidade de examinar como o cérebro, que é um dispositivo desenvolvido para permitir a interação do indivíduo com o ambiente, dispõe de diferentes formas de processar as informações e planejar o comportamento. Ele tem a capacidade de adquirir conhecimento utilizando diferentes formas de aprendizagem – tome-se como exemplo os condicionamentos pavloviano e instrumental. Observamos como essas formas de aprendizagem se constituem em sistemas de decisão, que podem a todo momento desencadear comportamentos autônomos. Vimos que existem em nosso cérebro módulos funcionais independentes, desenvolvidos ao longo da evolução para processar as informações de maneira heurística, que com frequência atende às necessidades dos indivíduos. Além disso, somos muito sensíveis ao que ocorre no momento presente: estímulos correntes podem atuar o tempo todo por meio do processo de pré-ativação. Mesmo não sendo percebidos conscientemente, eles aumentam a probabilidade de ocorrerem determinados comportamentos ou escolhas específicas (aos quais posteriormente se pode atribuir uma origem diversa).

Em suma, a evolução é responsável por nos fornecer o equipamento básico para a sobrevivência. Posteriormente, a interação social e o ambiente cultural – por meio da aprendizagem ao longo de nossas experiências individuais – nos fornecem diretrizes e conhecimento para sobreviver em determinado ambiente, moldando e refazendo as conexões em nosso cérebro de maneira constante. Isso torna cada um de nós indivíduos únicos, com comportamentos, escolhas e decisões que refletem essa história pessoal.

A partir dos trabalhos de Libet, muitos pesquisadores adotaram a crença de que o processamento não consciente é o processamento determinante do comportamento e passaram a considerar o livre-arbítrio inconsistente com as descobertas neurocientíficas. Todavia, existem razões para admitir que o processamento consciente tem um papel importante no controle de nossas ações, pois há muitas evidências de sua influência e atuação. É preciso ter em mente, contudo, que essa ingerência se faz de forma lenta e indireta, por meio da interação com os processos não conscientes.

Como ponto de partida, tudo indica que os processos conscientes têm o poder de veto, de impedir uma ação antes que ela aconteça. As próprias experiências de Libet já mostravam que a percepção consciente de provocar um movimento ocorre antes do seu início real.

De fato, como vimos no Capítulo 5, o processamento consciente pode se sobrepor aos processos inconscientes em determinadas situações. Com relação às emoções, vimos, por exemplo, que as pessoas podem tomar conhecimento da sua presença e corrigir o comportamento por meio de uma estratégia consciente. O processamento consciente pode ser útil na detenção de impulsos automáticos e imediatos, na superação de tentações e na implementação de objetivos de longo prazo. Vimos também que, quando ocorre um esgotamento do processamento consciente, as pessoas ficam mais suscetíveis aos impulsos e comportamentos irracionais.

Outro aspecto importante do processamento consciente é sua capacidade de integrar o comportamento numa visão de longo prazo, coordenando as perspectivas temporais de passado, presente e futuro. Ele é determinante para que os indivíduos possam apreender a dimensão temporal e não somente viver no momento presente. Nós fazemos planos e firmamos intenções conscientemente, e eles influenciam de modo efetivo o comportamento posterior. Antecipamos possíveis resultados e examinamos diferentes alternativas, levando em conta, inclusive, os aspectos afetivos ou as emoções que podem estar envolvidas. Interpretar e refletir sobre eventos passados também tem influência no comportamento futuro, principalmente se isso contribui para reinterpretar aqueles eventos e permite uma mudança de perspectiva.

O processamento consciente permite o aparecimento de pensamentos que duram algum tempo, o que é necessário para a sua manipulação na memória operacional e nos permite raciocinar serialmente. Estratégias que requerem etapas sucessivas para sua consecução dependem dessa capacidade. O processamento é lento, e os resultados intermediários têm que ser mantidos na consciência antes de serem utilizados nos estágios subsequentes: isso envolve coletar informações de vários processadores, integrá-los e difundir o resultado para outros processadores. Logo, temos que utilizar o processamento consciente para sermos capazes de pensar racionalmente em um problema. Isso significa que o raciocínio crítico depende do processamento consciente ou deliberativo.

Nossa espécie tem uma característica especial, que é o uso da linguagem verbal, e o processamento consciente é essencial para a comunicação humana por meio da linguagem. Sequências complexas de ideias precisam ser construídas conscientemente para serem compreendidas. O processamento consciente é importante para a compreensão mútua e para a manutenção da colaboração e dos vínculos sociais. A transmissão social da informação, que foi acelerada com o aparecimento da linguagem, permitiu a troca e o confronto de ideias, ampliando as possibilidades do processo civilizatório e influenciando a própria evolução do cérebro.

Além disso, o processamento consciente é importante, como vimos, no raciocínio lógico, para a elaboração de explicações e a integração de informações de modo a chegar a novas conclusões. Sabe-se que, quando precisamos explicar e expor determinado conhecimento (ou a solução de um problema), ele é mais bem aprendido por nós mesmos, e isso contribui para o nosso comportamento futuro. Existem mesmo sugestões de que a função central do pensamento consciente seria facilitar a vida social e cultural, e não controlar diretamente o comportamento.

Portanto, embora o conceito tradicional de livre-arbítrio possa ser questionado a partir de algumas evidências experimentais, o processamento consciente sem dúvida tem o poder de influenciar a cognição de diversas e importantes maneiras. O comportamento humano, em última análise, é muito dependente dos processamentos não conscientes mais antigos, que compartilhamos com outros animais, mas decorre também do processamento consciente, que apareceu posteriormente no processo evolutivo, contribuindo de forma determinante para nos tornar uma espécie singular.

EM SÍNTESE

1. A consciência reflexiva, ou pensamento consciente, está ligada ao processamento T2. Ela corresponde ao processamento de informações de forma explícita na memória operacional. O processamento consciente parece depender da ativação de circuitos de longa distância no cérebro, com uma ativação generalizada. Por isso, somente um processamento consciente pode ocorrer a cada vez, e a atenção consciente não pode ser dividida.

2. O processamento não consciente é predominante no nosso cotidiano, e não podemos ter acesso a essa atividade por meio da introspecção. Contudo, temos a sensação de que esta-

EM SÍNTESE

mos conscientes o tempo todo e de que somos senhores do nosso comportamento. O que ocorre é que, ao observar nossa própria conduta, mesmo não sabendo o que a gerou, criamos uma narrativa para explicá-la. É como se um módulo mental atuasse como intérprete: a partir do observado no ambiente e no espaço mental, ele cria uma história coerente na qual acreditamos.

3 Tudo indica que não existe uma sede para o processamento de um eu consciente no cérebro. Por outro lado, experimentos em laboratório demonstram que os movimentos voluntários, embora ocorram depois do aparecimento de uma vontade consciente, são precedidos por alterações na ativação de circuitos cerebrais, que ocorrem sem um correspondente na consciência. O querer consciente não é o disparador da realização de ações voluntárias. As ações voluntárias são acompanhadas por uma "experiência de vontade" que nos leva a concluir que fizemos algo porque queríamos fazer.

4 A experiência de livre-arbítrio não corresponde ao que indicam alguns achados da neurociência. No entanto, a atividade consciente tem influência em nosso comportamento, que se faz sentir – não diretamente, mas no longo prazo – por intermédio dos processamentos não conscientes.

5 A regulação do comportamento se faz por meio do funcionamento do cérebro, que intermedeia a interação entre o organismo e o meio ambiente. Os processos mentais, ou o que chamamos de mente, não podem ser separados do corpo, que se relaciona com um ambiente fundamental para os seres humanos, o ambiente cultural. A mente é corporificada e estendida (ao ambiente).

# 10

CONSEQUÊNCIAS E O QUE PODE SER FEITO

> Se as pessoas forem racionais, não há necessidade de protegê-las de suas próprias escolhas.
> **Daniel Kahneman**
>
> Nenhum argumento racional terá um efeito racional em alguém que não queira adotar uma atitude racional.
> **Karl Popper**

ALGUMAS CONSEQUÊNCIAS

Como vimos nos capítulos precedentes, o cérebro humano não é um dispositivo perfeito, e boa parte de nossos processos mentais e escolhas provém de processamentos não conscientes, aos quais não temos acesso pela introspecção. Esse funcionamento – em grande parte autônomo – de nossa cognição e de nosso comportamento serviu de forma satisfatória à espécie humana durante a maior parte de sua trajetória no planeta. Contudo, o mundo tecnológico em que vivemos atualmente está fazendo com que as falhas implicadas nesse processo tenham consequências indesejadas nítidas.

O biólogo e filósofo Edward O. Wilson (1929-2021) afirmou que o grande problema da humanidade é que temos emoções paleolíticas, instituições medievais e uma tecnologia milagrosa. Dito de outra maneira, temos um cérebro paleolítico e instituições antiquadas, e precisamos agora sobreviver num ambiente tecnológico futurístico. Nos dias que correm, nosso cérebro é continuamente desafiado em um ambiente muito diferente daquele no qual ele foi formado pela evolução, e isso gera uma quantidade enorme de dificuldades e ameaças, inclusive à nossa própria sobrevivência como espécie.

O cérebro humano não se modificou de forma significativa desde o aparecimento dos primeiros seres humanos. Ele foi formado, no processo evolutivo, para garantir a sobrevivência no ambiente relativamente simples em que viveu a imensa maioria das gerações de nossos antepassados. Para isso eram suficientes, no dia a dia, processos cognitivos que foram formados pela evolução biológica e que funcionavam (e funcionam) de forma mais ou menos automática e subconsciente. Não havia necessidade de envolver o raciocínio crítico, que precisamos utilizar com frequência cada vez maior no mundo em que vivemos.

As neurociências, a psicologia cognitiva e a economia comportamental avançaram nos últimos anos, permitindo compreender melhor a regulação do nosso comportamento e os nossos processos de tomada de decisão. Por outro lado, o desenvolvimento da tecnologia da informação (com seus dispositivos eletrônicos), a internet e o aparecimento da inteligência artificial trouxeram um contraponto imprevisto até há pouco tempo. Nossa intuição, nossas decisões, nossos desejos e nossas emoções dependem do funcionamento de circuitos cerebrais que podem ser compreendidos, superados e manipulados por algoritmos eletrônicos já largamente utilizados em nossa sociedade. Os algoritmos utilizados pelo cérebro humano para resolver problemas foram adequados para a sobrevivência de nossos antepassados na savana africana – e serviram às gerações que nos precederam –, mas são frequentemente inadequados e nos trazem problemas na sociedade tecnológica atual. Nos últimos séculos, as máquinas foram pouco a pouco substituindo as habilidades físicas dos seres humanos, mas, durante muito tempo, estes as superaram nas habilidades cognitivas. Isso já não acontece. A inteligência artificial, cada vez mais presente no nosso dia a dia, está possibilitando que os dispositivos construídos por nós sejam mais eficientes, a ponto de se tornarem capazes de manipular o comportamento dos seres humanos, suas escolhas e suas emoções.

Hoje, empresas como Google, Facebook, Apple ou Amazon sabem mais sobre nós, nossos processamentos afetivos e nossa conduta do que nós mesmos – e numa extensão que não poderíamos imaginar num passado recente. Além disso, existem entidades e pessoas com motivação política ou econômica que atuam ativamente para direcionar nossas decisões utilizando os meios instantâneos de comunicação, como a internet e seus grupos virtuais. As pessoas já têm sido manipuladas por esses algoritmos, que nos conhecem profundamente, com consequências no campo político, econômico e vivencial. O cérebro paleolítico está sendo subjugado pelo presente futurístico.

Nossos vieses cognitivos estão cada vez mais visíveis no mundo moderno. A quantidade de informação disponível é de tal ordem que ultrapassa largamente nossa capacidade de processamento. Processamos somente o que é possível* e não nos damos conta de que estamos desconsiderando muito do que seria necessário para tomarmos decisões racionais. Devido aos vieses da crença e da confirmação, ficamos sujeitos às *fake news*, cada vez mais presentes, e escolhemos aquilo que nos agrada ou que é compatível com o que já acreditamos, aumentando a frequência de condutas irracionais.

Temos a tendência de habitar câmaras de ressonância na internet, nas quais escolhemos e interagimos com aqueles que têm opiniões ou ideologias que refletem as nossas próprias ideias. Nelas, as visões predominantes vão sendo reforçadas até se tornarem ortodoxias incontestáveis. O viés do "meu grupo" intervém fazendo com que aqueles que têm opiniões divergentes sejam considerados verdadeiros inimigos, criando polarização, aprofundando as incompatibilidades e levando até mesmo à violência. O problema é intensificado porque a mídia social se tornou uma das fontes primárias de notícias (em alguns casos, a única), e grande parte das pessoas só obtém informação por meio da internet – das interações no WhatsApp, no Facebook, no Twitter e assemelhados.

Como nosso cérebro tem a tendência de encontrar padrões, ao observarmos os acontecimentos que nos cercam, entra em cena o viés da causalidade, e descobrimos vínculos de causa e efeito onde eles não existem. Isso gera confusão entre causa e correlação, crenças em teorias da conspiração e pseudociências ou mesmo adesão ao negacionismo científico. A internet se torna um poderoso meio de difusão da desinformação e um exemplo notável de como as falhas de funcionamento cognitivo podem se tornar perigosas em larga escala.

Talvez o maior desafio no mundo moderno sejam as mudanças climáticas, com o colapso da biodiversidade e a exaustão dos recursos naturais. Não existem dúvidas na comunidade científica de que a atividade humana vem provocando essas mudanças e de que, se não forem tomadas providências urgentes,

---

* Ver, no Capítulo 3, a discussão sobre o viés da disponibilidade e o fenômeno do PROSODI.

elas poderão ameaçar o futuro da civilização e da própria humanidade. No entanto, embora existam repetidas discussões e encontros de cúpula para deliberar sobre o que deve ser feito, vemos que muito pouco é de fato implementado. Se examinarmos o porquê de essas medidas não estarem sendo efetivadas, descobriremos como nossos vieses cognitivos contribuem vigorosamente para isso. Uma das razões é que as mudanças climáticas, embora já visíveis, não nos aparecem como ameaças imediatas. Elas não têm saliência, não evocam sentimentos do ponto de vista emocional: as pessoas *sabem* do problema, mas não *sentem* que ele existe. As emoções são um meio eficaz de desencadear comportamentos e, nesse caso, não nos sentimos impelidos a fazer alguma coisa. Aqui entra ainda a questão do desconto hiperbólico (ver Capítulo 5): as ameaças distantes tendem a ser desvalorizadas, e nosso cérebro não está preparado para enxergar uma ou mais gerações adiante. O viés do *status quo*, por outro lado, nos impele a deixar as coisas como estão. O problema existe, mas ele será enfrentado... algum outro dia.

Além do mais, boa parte das transformações requeridas para enfrentar a ameaça das mudanças climáticas requer restrições no padrão de vida, pelo menos nos países mais ricos, e sabemos que o ser humano é extremamente sensível à questão das perdas. Mais ainda, muita gente é levada a acreditar que o assunto é controverso e não crê na responsabilidade humana pelo esgotamento dos recursos naturais. Aqui entram os vieses da crença e da confirmação: preferimos fazer avaliações e escolhas de acordo com expectativas e convicções preexistentes. As atitudes relativas ao tema também estão polarizadas politicamente, o que introduz o viés do "meu grupo": as informações são obtidas em bolhas nos grupos virtuais, provocando desconfiança em relação ao que pensam os grupos identificados como rivais. Ou seja, apesar da gravidade do problema, não há motivo para ser otimista quanto à sua correção no curto prazo.

O QUE PODE SER FEITO

Mesmo antes do advento da sociedade tecnológica, os inconvenientes provocados pelo funcionamento cognitivo autônomo do cérebro e pelas falhas na capacidade de decidir racionalmente já eram problemáticos: conflitos desnecessários, casamentos desastrosos, aposentadorias insuficientes, empregos insatisfatórios, guerras injustificáveis. A racionalidade deveria ser valorizada e considerada indispensável em todas as áreas da atividade humana – como na prática médica, no dispêndio do dinheiro público, nas escolhas políticas, na avaliação de riscos profissionais e existenciais, etc.

É importante, portanto, pensar em aprimorar nossos processos de tomada de decisão no cotidiano. Kahneman nos lembra que é muito difícil eliminar a ação dos vieses cognitivos, pois o processamento T1 é refratário a uma educação formal. A atenção consciente, ou atenção executiva, é o principal instrumento de que dispomos para a capacidade de autorregulação, pois ela introduz a intervenção do processamento T2. Por meio da atenção executiva, poderíamos fazer identificações (por exemplo: este número é uma âncora, aquele problema pode ser enquadrado de outra forma, etc.), mas geralmente é mais fácil observar as falhas no comportamento alheio do que no nosso.

O processamento T2, como vimos, depende do envolvimento dos processos conscientes, que são coordenados por circuitos e estruturas presentes na parte mais anterior de nosso cérebro, onde encontramos o córtex pré-frontal. Eles são responsáveis pela nossa capacidade de autorregulação, mobilizada quando examinamos conscientemente nosso espaço mental e nossa conduta e raciocinamos de forma deliberativa. Sabemos que a atenção voluntária permite esse exame e mobiliza o processamento T2. Portanto, o treinamento da atenção executiva é uma maneira eficaz de aumentar a habilidade de autorregulação, e uma forma simples de treiná-la é por meio da prática da meditação.

Uma educação adequada dos jovens, que os prepare para fazer face aos desafios do mundo moderno levando em conta o funcionamento cognitivo imperfeito dos seres humanos, é algo que não pode ser negligenciado. Vimos que, para o desenvolvimento do raciocínio crítico e da tomada de decisões racionais, é necessário adquirir alguns conhecimentos, como os relativos à teoria da probabilidade e ao raciocínio lógico. É preciso ainda desenvolver a vigilância em relação aos vieses cognitivos e a abertura a visões diferentes da realidade – uma humildade intelectual, como ocorre com a abordagem feita pela ciência. Os jovens precisam ser treinados para pensar como cientistas, isto é, para estar dispostos a aceitar que todas as conclusões e posições são provisórias e sujeitas a alterações à luz de novas informações, que devem ser obtidas por meio da procura criteriosa das evidências disponíveis.

É preciso ainda cuidar para que os jovens saibam buscar e selecionar as informações. A internet é uma fonte fabulosa delas, mas é um instrumento de dois gumes, pois nela se encontra também muita desinformação, além de informação maliciosa e manipulada pelos algoritmos. O próprio uso dos dispositivos eletrônicos disponíveis é passível de educação, pois eles promovem desatenção e induzem à multitarefa, facilitando o predomínio do processamento T1. O que se observa é que as escolas ainda enfatizam o conteúdo curricular, mas seria interessante que elas se preocupassem também em ensinar os estudantes a pensar criticamente e a fortalecer suas habilidades de autorregulação.

O psicólogo canadense Keith Stanovich chama a atenção para o fato de que, embora valorizemos muito o conceito de inteligência, a racionalidade tem uma natureza diferente. Os dois conceitos não podem ser superpostos, e o segundo é mais abrangente do que o primeiro. Não basta ser inteligente para ser racional ou tomar boas decisões. Ele sugere que sejam desenvolvidos instrumentos para avaliar a racionalidade, de modo que possamos detectar e impulsionar o seu desenvolvimento, que sejamos capazes de influenciar e educar, com mais segurança, as habilidades do pensamento racional.

Sabemos que o processamento T2 requer maior gasto de energia e pode ser exaurido com certa facilidade. No plano pessoal, portanto, uma estratégia eficaz é evitar tomar decisões importantes quando estamos cansados, estressados ou com sobrecarga emocional. Esses estados geralmente dificultam o funcionamento do T2 e ativam o piloto automático. O envolvimento em multitarefa, particularmente, deve ser evitado, pois costuma sobrecarregar os recursos cognitivos, levando a escolhas inadequadas. O excesso de informação e a presença de muitas opções disponíveis dificultam e podem até mesmo impedir uma boa decisão.

Outras abordagens ou intervenções podem ser bastante simples, como a prevenção. Por exemplo, para combater a obesidade, uma opção é não deixar alimentos calóricos, como refrigerantes, muito disponíveis na geladeira, ou preferir o uso de embalagens (pratos ou copos) menores. O estabelecimento de compromissos ou metas de médio ou longo prazo também pode funcionar, principalmente se envolverem um comprometimento financeiro (por exemplo, pagamentos adiantados para todo o ano para o acesso a academias).

Adotar e ter em mente uma perspectiva de longo prazo pode ser útil para se prevenir em relação ao fato de que muitas decisões corriqueiras são tomadas muitas vezes ao dia, com um efeito cumulativo. Se estamos conscientes de que determinada ação não se resume a um ato isolado, fica mais fácil assumir uma atitude mais racional: comer aquele chocolate hoje pode não ter importância, mas, se esse é um hábito diário, as consequências são diferentes.

Tendo conhecimento do viés do *status quo* e da avareza cognitiva, outra estratégia que pode funcionar é a adoção de opções em *default* que sejam favoráveis ao indivíduo, à sociedade ou ao meio ambiente. Um bom exemplo é a escolha entre ser ou não um doador de órgãos, que é significativamente influenciada pela opção em *default*. Os países europeus apresentam diferentes opções nesse quesito: alguns requerem um consentimento explícito e uma opção para ser incluído como doador; outros presumem um consentimento implícito e exigem uma opção ativa para ser excluído do universo dos doadores. O que ocorre é que as pessoas costumam ficar na opção em que já se encontram; por isso, nos primeiros, a porcentagem de doadores gira em torno de 20%, enquanto nos últimos ela fica próxima de 100%.

Costumamos pensar que a melhor maneira de influenciar as pessoas é por meio de apelos racionais, do conhecimento e do convencimento, pois imaginamos que elas sempre fazem escolhas conscientes, que atendem aos seus interesses. Mas, como procuramos mostrar nos capítulos precedentes, as escolhas e decisões dos indivíduos são frequentemente autônomas, mesmo com o conhecimento consciente. A todo momento ocorrem decisões equivocadas em áreas como nutrição, planejamento financeiro e adoção de hábitos saudáveis. Como o processamento T1 é tão prevalente, pode-se pensar que a melhor estratégia é influenciar diretamente esses processamentos automáticos, em vez de insistir sempre no convencimento racional.

Os pesquisadores americanos Richard H. Thaler e Cass R. Sunstein propõem que agências governamentais ou privadas atuem com o objetivo de melhorar a escolha dos indivíduos utilizando uma forma de intervenção denominada "paternalismo libertário". Por meio desse método, providenciam-se medidas para preservar a liberdade de escolha, mas instigar comportamentos que melhoram a vida dos usuários: é o que chamam de *nudge* (cutucar). O paternalismo libertário visa a influenciar as escolhas das pessoas com o intuito de que elas tenham uma vida melhor e mais saudável, sem, contudo, coagi-las a agir de um modo ou de outro. Simplesmente, são fornecidas condições que visam a facilitar que as pessoas façam a melhor escolha ou tomem as decisões mais adequadas.

O simples rearranjo dos itens expostos em uma cafeteria ou supermercado, por exemplo, costuma influenciar a venda de certos alimentos em cerca de 25%, para mais ou para menos. Certos alimentos são dispostos ao nível do olhar, enquanto outros são postos em locais menos visíveis. Alguns alimentos são alinhados mais à frente, enquanto outros são colocados em posições mais difíceis de alcançar. Isso pode, por exemplo, incentivar o consumo de alimentos saudáveis e desestimular o consumo dos não saudáveis. Por outro lado, a mesma estratégia pode servir para aumentar os lucros, facilitando a compra daqueles que dão maior retorno financeiro. Esses arranjos são o que se chama de arquitetura de escolha, e os supermercados costumam usar e abusar desse artifício. É bom lembrar que não existe um arranjo neutro: qualquer que seja a maneira de exposição, ela irá influenciar de alguma forma o comportamento do consumidor.

Note-se que, às vezes, basta promover o direcionamento da atenção para observar uma mudança comportamental drástica: os aeroportos de Amsterdam e de Nova York adotaram como *nudge* a aplicação do desenho de uma pequena mosca no interior da louça sanitária dos mictórios masculinos e observaram que isso reduz o extravasamento de urina em cerca de 80%.*

Muitos são contrários ao direcionamento das opções das pessoas, qualquer que seja ele. Thaler e Sunstein argumentam, no entanto, que os que se opõem a intervenções partem do pressuposto falso de que as pessoas sempre fazem a melhor escolha para elas. Mas isso não ocorre, por exemplo, no ambiente mercadológico, em que as pessoas muitas vezes são ingênuas em um contexto povoado por profissionais bem-informados que tentam lhes vender alguma coisa ou direcionar o seu comportamento. Nesse caso, a chance de que se saiam bem depende do quanto elas têm de experiência, boa informação e *feedback* imediato, requisitos geralmente não disponíveis. Segundo Thaler e Sunstein, não há como deixar de influenciar as pessoas. No exemplo da cafeteria, qualquer arranjo estaria, de alguma forma, afetando o comportamento dos consumidores. Pode-se influenciar para o bem ou para o mal e, muitas vezes, deixar de agir é também uma forma de influenciar. Portanto, um esforço para melhorar a vida das pessoas, desde que não se tire a sua liberdade de escolha, seria desejável.

> O fato é que as decisões que tomamos cotidianamente podem ter uma influência enorme na direção de nossas vidas, e as escolhas coletivas tomadas pelas sociedades em que vivemos têm atualmente o poder de alterar o próprio futuro da espécie humana e do planeta que habitamos. Daí a necessidade premente de aprimorar nossos processos de fazer escolhas e tomar decisões. Para isso, são necessárias e bem-vindas novas pesquisas que tragam mais conhecimento sobre o assunto. Além disso, é importante difundir essas informações para o conjunto da sociedade.

---

* Ver: https://www.bbc.com/news/business-41549533.

EM SÍNTESE

1. Temos um cérebro paleolítico, lidamos com instituições antiquadas e precisamos sobreviver num ambiente tecnológico futurístico. Atualmente, nosso cérebro é desafiado a todo momento por um ambiente muito diferente daquele no qual ele foi formado, o que origina dificuldades e ameaças.

2. Nossas decisões, desejos e emoções resultam do funcionamento de circuitos cerebrais que hoje podem ser superados e manipulados por algoritmos eletrônicos já largamente utilizados em nossa sociedade. A inteligência artificial, cada vez mais presente no nosso dia a dia, faz com que os dispositivos construídos por nós sejam capazes de manipular o comportamento humano, nossas escolhas e emoções.

3. As pessoas, em todo o mundo, já têm sido efetivamente manipuladas por esses algoritmos, com largas repercussões em nossa sociedade. O cérebro paleolítico está sendo subjugado pelo presente futurístico.

4. Os vieses cognitivos aparecem cada vez mais nitidamente. Acreditamos em *fake news*, permanecemos no piloto automático devido ao excesso de informações, frequentamos câmaras de ressonância na internet, somos sujeitos cada vez mais ao viés do "meu grupo", etc. Surgem com mais força o negacionismo da ciência e as crenças infundadas em teorias conspiratórias e em fenômenos pseudocientíficos. Além disso, os maiores problemas atuais, como o das mudanças climáticas, deixam de ser enfrentados, e pode-se atribuir boa parte da culpa à presença dos vieses cognitivos.

5. Esforços deveriam ser feitos para aumentar a capacidade de utilizar a razão. A autorregulação depende da habilidade de manter a atenção voluntária (ou executiva), e ela pode ser treinada, por exemplo, com a prática da meditação.

6. Em face dos desafios que descrevemos, a educação dos jovens para prepará-los para os novos tempos deveria ser uma preocupação prioritária. Eles precisam não apenas saber buscar e analisar as informações, separando o falso do verdadeiro, mas também conhecer os vieses a que estamos submetidos e os meios de ampliar sua própria autorregulação.

EM SÍNTESE

7. No plano pessoal, devemos estar atentos, evitando tomar decisões importantes em momentos de desgaste físico ou mental. O conhecimento dos vieses pode ajudar, embora não seja garantia de imunidade. É mais fácil observá-los nos outros do que em nós próprios, pois estamos sujeitos, inclusive, à cegueira aos vieses.

8. Atualmente, existem sugestões de que, para regular o comportamento das pessoas, seria mais fácil usar estratégias que atuem no processamento T1 do que aquelas que atuam no T2. A técnica dos *nudges* já tem sido usada, aparentemente com muitos sucessos. Seguramente, novos conhecimentos são necessários para que aprendamos a lidar com o grande problema do cérebro primitivo no mundo futurístico.

REFERÊNCIAS

CAPÍTULO 1

Bargh, J. A., Chen, M., & Burrows, L. (1996). Automaticity of social behavior: Direct effects of trait construct and stereotype activation on action. *Journal of Personality and Social Psychology*, 71(2), 230-244.

Jacob, F. (1977). Evolution and tinkering. *Science*, 196(4295), 1161-1166.

North, A. C. A., Hargreaves, D. J., & McKendrick, J. (1999). The influence of in-store music on wine selections. *Journal of Applied Psychology*, 84(2), 271-276.

Squire, L. R., & Knowlton, B. J. (1995). Memory, hippocampus, and brain systems. In M. S. Gazzaniga (Ed.), *The cognitive neurosciences* (pp. 825-837). MIT.

Strack, F., Martin, L. L., & Stepper, S. (1988). Inhibiting and facilitating conditions of the human smile: A nonobtrusive test of the facial feedback hypothesis. *Journal of Personality and Social Psychology*, 54(5), 768-777.

CAPÍTULO 2

Buckner, R. L., Andrews-Hanna, J. R., & Schacter, D. L. (2008). The brain's default network: Anatomy, function, and relevance to disease. *Annals of the New York Academy of Sciences, 1124*, 1-38.

Frederick, S. (2005). Cognitive reflection and decision making. *The Journal of Economic Perspectives, 19*(4), 25-42.

Jonathan, B. E. (2018). Dual-process theories. In L. J. Ball, & V. A. Thompson (Eds.), *The Routledge international handbook of thinking and reasoning* (pp. 151-166). Routledge.

Kahneman, D. (2012). *Rápido e devagar: Duas formas de pensar*. Objetiva.

Nass, C., & Moon, Y. (2000). Machines and mindlessness: Social responses to computers. *Journal of Social Issues, 56*(1), 81-103.

Nisbett, R. E., & Wilson, T. D. (1977). The halo effect: Evidence for unconscious alteration of judgments. *Journal of Personality and Social Psychology, 35*(4), 250-256.

Nuttin, J. M. (1987). Affective consequences of mere ownership: The name letter effect in twelve European languages. *European Journal of Social Psychology, 17*(4), 381-402.

Renner, C. H. (2004). Validity effect. In R. F. Pohl (Ed.), *Cognitive illusions: A handbook on fallacies and biases in thinking, judgement and memory* (pp. 201-213). Psychology.

Stanovich, K. E. (2011). *Rationality and the reflective mind*. Oxford University.

Wansink, B. (2004). Environmental factors that increase the food intake and consumption volume of unknowing consumers. *Annual Review of Nutrition, 24*(217), 455-479.

Zajonc, R. B. (2001). Mere Exposure: A gateway to the subliminal. *Current Directions in Psychological Science, 10*(6), 224-228.

CAPÍTULO 3

Ariely, D. (2008). *Predictably irrational: The hidden forces that shape our decisions*. Harper Collins.

Asch, S. E. (1946). Forming impressions of personality. *Journal of Abnormal and Social Psychology, 41*(3), 258-290.

Deng, I., & Deng, P. S. (2011). Cognitive framing illusions and consumer rationality. *Open Management Journal, 4*, 1-8.

Enough, B., & Mussweiler, T. (2001). Sentencing under uncertainty: Anchoring effects in the courtroom. *Journal of Applied Social Psychology*, *31*(7), 1535-1551.

Galinsky, A. D., & Mussweiler, T. (2001). First offers as anchors: The role of perspective-taking and negotiator focus. *Journal of Personality and Social Psychology*, *81*(4), 657-669.

Kahneman, D. (2011). *Thinking, fast and slow*. Farrar, Straus and Giroux.

Mussweiler, T., & Strack, F. (2001). Considering the impossible: Explaining the effects of implausible anchors. *Social Cognition*, *19*(2), 145-160.

Nickerson, R. S. (1998). Confirmation bias: A ubiquitous phenomenon in many guises. *Review of General Psychology*, *2*(2), 175-220.

North, A. C., Hargreaves, D. J., & McKendrick, J. (1999). The influence of in-store music on wine selections. *Journal of Applied Psychology*, *84*(2), 271-276.

Northcraft, G., & Neale, M. (1987). Experts, amateurs, and real estate: An anchoring-and-adjustment perspective on property pricing decisions. *Organizational Behavior and Human Decision Processes*, *39*(1), 84-97.

Ross, M., & Sicoly, F. (1979). Egocentric biases in availability and attribution. *Journal of Personality and Social Psychology*, *37*(3), 322-336.

Schwarz, N. (2000). Emotion, cognition, and decision making. *Cognition & Emotion*, *14*(4), 433-440.

Tversky, A., & Kahneman, D. (1974). Judgment under uncertainty: Heuristics and Biases. *Science*, *185*(4157), 1124-1131.

Wansink, B., Kent, R., & Hoch, S. (1998). An anchoring and adjustment model of purchase quantity decisions. *Journal of Marketing Research*, *35*(1), 71-81.

Wason, P. C. (1960). On the failure to eliminate hypotheses in a conceptual task. *Quarterly Journal of Experimental Psychology*, *12*(3), 129-140.

CAPÍTULO 4

Asch, S. E. (1952). Group forces in the modification and distortion of judgments. In S. E. Asch, *Social psychology* (pp. 450-501). Prentice-Hall.

Baker, L., & Emery, R. (1993). When every relationship is above average: Perceptions and expectations of divorce at the time of marriage. *Law and Human Behavior*, *17*(4), 439-450.

Berger, J., & Milkman, K. L. (2012). What makes online content viral? *Journal of Marketing Research, 49*(2), 192-205.

Berns, G. S., Chappelow, J., Zink, C. F., Pagnoni, G., Martin-Skurski, M. E., & Richards, J. (2005). Neurobiological correlates of social conformity and independence during mental rotation. *Biological Psychiatry, 58*(3), 245-253.

Dana, J., & Loewenstein, G. (2003). A social science perspective on gifts to physicians from industry. *JAMA, 290*(2), 252-255.

Edelson, M., Sharot, T., Dolan, R. J., & Dudai, Y. (2011). Following the crowd: Brain substrates of long-term memory conformity. *Science, 333*(6038), 108-111.

Egan, L. C., Santos, L. R., & Bloom, P. (2007). The origins of cognitive dissonance: Evidence from children and monkeys. *Psychological Science, 18*(11), 978-983.

Ehrlinger, J., Gilovich, T., & Ross, L. (2005). Peering into the bias blind spot: People's assessments of bias in themselves and others. *Personality & Social Psychology Bulletin, 31*(5), 680-692.

Gonçalves, B., Perra, N., & Vespignani, A. (2011). Modeling users' activity on twitter networks: Validation of Dunbar's number. *PloS one, 6*(8), e22656.

Greenwald, A. G., McGhee, D. E., & Schwartz, J. L. (1998). Measuring individual differences in implicit cognition: The implicit association test. *Journal of Personality and Social Psychology, 74*(6), 1464-1480.

Hill, R. A., & Dunbar, R. I. (2003). Social network size in humans. *Human Nature, 14*(1), 53-72.

Kahneman, D. (2011). *Thinking, fast and slow.* Farrar, Straus and Giroux.

Kahneman, D., & Tversky, A. (1979). Prospect theory: An analysis of decision under risk. *Econometrica: Journal of the Econometric Society, 47*(2), 263-291.

Kahneman, D., Knetsch, J., & Thaler, R. (1991). Anomalies: The endowment effect, loss aversion, and status quo bias. *The Journal of Economic Perspectives, 5*(1), 193-206.

Korn, C. W., Sharot, T., Walter, H., Heekeren, H. R., & Dolan, R. J. (2014). Depression is related to an absence of optimistically biased belief updating about future life events. *Psychological Medicine, 44*(03), 579-592.

Krueger, J., & Clement, R. W. (1994). Memory-based judgments about multiple categories: A revision and extension of Tajfel's accentuation theory. *Journal of Personality and Social Psychology, 67*(1), 35-47.

Mahajan, N., & Wynn, K. (2012). Origins of "us" versus "them": Prelinguistic infants prefer similar others. *Cognition, 124*(2), 227-233.

Miller, E. K., Nieder, A., Freedman, D. J., & Wallis, J. D. (2003). Neural correlates of categories and concepts. *Current Opinion in Neurobiology, 13*(2), 198-203.

Pronin, E. (2007). Perception and misperception of bias in human judgment. *Trends in Cognitive Sciences, 11*(1), 37-43.

Pronin, E., & Kugler, M. B. (2007). Valuing thoughts, ignoring behavior: The introspection illusion as a source of the bias blind spot. *Journal of Experimental Social Psychology, 43*(4), 565-578.

Pronin, E., Gilovich, T., & Ross, L. (2004). Objectivity in the eye of the beholder: Divergent perceptions of bias in self versus others. *Psychological Review, 111*(3), 781-799.

Puri, M., & Robinson, D. (2007). Optimism and economic choice. *Journal of Financial Economics, 86*(1), 71-99.

Sharot, T. (2011). The optimism bias. *Current Biology, 21*(23), R941-R945.

Sharot, T. (2011). *The optimism bias: A tour of the irrationally positive brain*. Vintage Books Random House LLC.

Sharot, T., Korn, C. W., & Dolan, R. J. (2011). How unrealistic optimism is maintained in the face of reality. *Nature Neuroscience, 14*(11), 1475-1479.

Shepperd, J. A., Klein, W. M. P., Waters, E. A., & Weinstein, N. D. (2013). Taking stock of unrealistic optimism. *Perspectives on Psychological Science, 8*(4), 395-411.

Sherif, M. (1967). *Group conflict and co-operation: Their social psychology*. Routledge & Kegan Paul, citado em Sutherland, N. S. (1994). *Irrationality: Why we don't think straight!* Rutgers University.

Susarla, A., Oh, J.-H., & Tan, Y. (2011). Social networks and the diffusion of user-generated content: Evidence from YouTube. *Information System Research, 23*(1), 23-41.

Tajfel, H. (1970). Experiments in intergroup discrimination. *Scientific American, 223*(5), 96-102.

Thaler, R. H., & Sunstein, C. R. (2009). *Nudge: Improving decisions about health, wealth, and happiness*. Penguin Books.

West, R. F., Meserve, R. J., & Stanovich, K. E. (2012). Cognitive sophistication does not attenuate the bias blind spot. *Journal of Personality and Social Psychology, 103*(3), 506-519.

Zaki, J., Schirmer, J., & Mitchell, J. P. (2011). Social influence modulates the neural computation of value. *Psychological Science, 22*(7), 894-900.

CAPÍTULO 5

Ainslie, G. (2005). Précis of breakdown of will. *Behavioral and Brain Sciences, 28*(5), 635-650.

Baumeister, R. F., Vohs, K. D., & Tice, D. M. (2007). the strength model of self-control. *Current Directions in Psychological Science, 16*(6), 351-355.

Cosenza, R. M. (2021). *Neurociência e mindfulness: Meditação, equilíbrio emocional e redução do estresse*. Artmed.

Gailliot, M. T., & Baumeister, R. F. (2007). The physiology of willpower: Linking blood glucose to self-control. *Personality and Social Psychology Review, 11*(4), 303-327.

Heatherton, T. F., & Wagner, D. D. (2011). Cognitive neuroscience of self-regulation failure. *Trends in Cognitive Sciences, 15*(3), 132-139.

Hofmann, W., Friese, M., & Strack, F. (2009). Impulse and self-control from a dual-systems perspective. *Perspectives on Psychological Science, 4*(2), 162-176.

Khan, U., & Dhar, R. (2006). Licensing effect in consumer choice. *Journal of Marketing Research, 43*(2), 259-266.

Lorenz, K. (1974). *Civilização e pecado: Os oito erros capitais do homem*. Artenova.

McGonigal, K. (2011). *The Willpower instinct: How self-control works, why it matters, and what you can do to get more of it*. Penguin.

Merritt, A. C., Effron, D. A., & Monin, B. (2010). Moral self-licensing: When being good frees us to be bad. *Social and Personality Psychology Compass, 4*(5), 344-357.

Mischel, W., Ayduk, O., Berman, M. G., Casey, B. J., Gotlib, I. H., Jonides, J., ... Shoda, Y. (2011). "Willpower" over the life span: Decomposing self-regulation. *Social Cognitive and Affective Neuroscience, 6*(2), 252-256.

Moffitt, T. E., Arseneault, L., Belsky, D., Dickson, N., Hancox, R. J., Harrington, H., ... Caspi, A. (2011). A gradient of childhood self-control predicts health, wealth, and public safety. *Proceedings of the National Academy of Sciences of the United States of America, 108*(7), 2693-2698.

Vohs, K. D., & Baumeister, R. F. (Eds.). (2016). *Handbook of self-regulation: Research, theory, and applications*. Guilford.

Wilson, B., & Nguyen, T. (2012). Belonging to tomorrow: An overview of procrastination. *International Journal of Psychological Studies*, 4(1), 211-217.

CAPÍTULO 6

Bar-Hillel, M. (1980). The base-rate fallacy in probability judgments. *Acta Psychologica*, 44(3), 211-233.

Blanco, F., & Matute, H. (2018). The illusion of causality: A cognitive bias underlying pseudoscience. In A. B. Kaufman, & J. C. Kaufman (Eds.), *Pseudoscience: The conspiracy against Science* (pp. 45-75). MIT.

Casscells, W., Schoenberger, A., & Graboys, T. B. (1978). Interpretation by physicians of clinical laboratory results. *The New England Journal of Medicine*, 299(18), 999-1001.

Evans, J. S. B. (2010). *Thinking twice: Two minds in one brain*. Oxford University.

Fong, G. T., Krantz, D. H., & Nisbett, R. E. (1986). The effects of statistical training on thinking about everyday problems. *Cognitive Psychology*, 18(3), 253-292.

Galton, F. (1886). Regression towards mediocrity in hereditary stature. *Journal of the Anthropological Institute of Great Britain and Ireland*, 15(1886), 246-263.

Gilovich, T., Vallone, R., & Tversky, A. (1985). The hot hand in basketball: On the misperception of random sequences. *Cognitive Psychology*, 17(3), 295-314.

Goel, V. (2003). Evidence for dual neural pathways for syllogistic reasoning. *Psychologica*, 32, 301-309.

Grimes, D. R. (2019). *The irrational ape: Why flawed logic puts us all at risk and how critical thinking can save the world*. Simon and Schuster.

Hastie, R., & Dawes, R. M. (2010). *Rational choice in an uncertain world: The psychology of judgment and decision making* (2nd ed.). Sage.

Kahneman, D., & Tversky, A. (1973). On the psychology of prediction. *Psychological Review*, 80(4), 237-251.

Kahneman, D., & Tversky, A. (1974). Subjective probability: A judgment of representativeness. In C.-A. S. S. V. Holstein (Ed.), *The Concept of Probability in Psychological Experiments* (pp. 25-48). Springer Netherlands.

Langer, E. J. (1975). The illusion of control. *Journal of Personality and Social Psychology*, 32(2), 311-328.

Luria, A. R. (1976). *Cognitive development: Its cultural and social foundations*. Harvard University.

Marcus G. (2008). *KLUGE the haphazard construction of the human mind*. Houghton Mifflin.

Sedlmeier, P., & Gigerenzer, G. (2001). Teaching Bayesian reasoning in less than two hours. *Journal of Experimental Psychology, 130*(3), 380-400.

Torres, M. N., Barberia, I., & Rodríguez-Ferreiro, J. (2020). Causal illusion as a cognitive basis of pseudoscientific beliefs. *British Journal of Psychology, 111*(4), 840-852.

Tversky, A., & Kahneman, D. (1971). Belief in the law of small numbers. *Psychological Bulletin, 76*(2), 105-110.

Tversky, A., & Kahneman, D. (1983). Extensional versus intuitive reasoning: The conjunction fallacy in probability judgment. *Psychological Review, 90*(4), 293-315.

Wainer, H. (2007). The most dangerous equation. *American Scientist, 95*(3), 249-256.

CAPÍTULO 7

Bechara, A. (2011). Human emotions in decision making: Are they useful or disruptive. In O. Vartanian, & D. R. Mandel (Eds.), *Neuroscience of decision making* (pp. 73-95). Psychology.

Cosenza, R. M. (2021). *Neurociência e mindfulness: Meditação, equilíbrio emocional e redução do estresse*. Artmed.

Damasio, A. (2012). *O erro de Descartes: Emoção, razão e o cérebro humano*. Companhia das Letras.

Damasio, A. (2021). *Feeling & knowing: Making minds conscious*. Pantheon.

Damasio, A., & Carvalho, G. B. (2013). The nature of feelings: Evolutionary and neurobiological origins. *Nature reviews. Neuroscience. 14*(2), 143-152.

Fox, A. S., Lapate, R. C., Shackman, A. J., & Davidson, R. J. (Eds.). (2018). *The nature of emotion: Fundamental questions*. Oxford University.

Garcés, M., & Finkel, L. (2019). Emotional theory of rationality. *Frontiers in Integrative Neuroscience, 13*, 1-24.

Lerner, J. S., Li, Y., Valdesolo, P., & Kassam, K. S. (2015). Emotion and decision making. *Annual Review of Psychology, 66*, 799-823.

Li, Y., Ashkanasy, N. M., & Ahlstrom, D. (2014). The rationality of emotions: A hybrid process model of decision-making under uncertainty. *Asia Pacific Journal of Management, 31*(1), 293-308.

Mlodinow, L. (2022). *Emotional: The new thinking about feelings*. Penguin.

Pessoa, L. (2015). Précis on the cognitive-emotional brain. *Behavioral and Brain Sciences, 38*, e71.

Pham, M. T. (2007). Emotion and rationality: A critical review and interpretation of empirical evidence. *Review of General Psychology, 11*(2), 155-178.

Phelps, E. A., Lempert, K. M., & Sokol-Hessner, P. (2014). Emotion and decision making multiple modulatory neural circuits. *Annual Review of Neuroscience, 37*, 263-288.

Quadt, L., Critchley, H., & Nagai, Y. (2022). Cognition, emotion, and the central autonomic network. *Autonomic Neuroscience, 238*, 102948.

Russell, J. A. (2005). Emotion in human consciousness is built on core affect. *Journal of Consciousness Studies, 12*(8-9), 26-42.

Scherer, K. R. (2011). On the rationality of emotions: Or when are emotions rational?. *Social Science Information, 50*(3-4), 330-350.

CAPÍTULO 8

Bechara, A., & Damasio, A. R. (2005). The somatic marker hypothesis: A neural theory of economic decision. *Games and Economic Behavior, 52*(2), 336-372.

Brass, M., Lynn, M. T., Demanet, J., & Rigoni, D. (2013). Imaging volition: What the brain can tell us about the will. *Experimental Brain Research, 229*(3), 301-312.

Cosenza, R. M. (2013). *Fundamentos de neuroanatomia* (4. ed.). Guanabara Koogan.

Cosenza, R. M. (2018). Neuroeconomia: A neurobiologia da tomada de decisão. In L. Malloy-Diniz, B. Kluwe-Schiavon, & R. Grassi-Oliveira, *Julgamento e tomada de decisão* (pp. 49-64). Pearson.

Damásio, A. R. (1996). *O Erro de Descartes: Emoção, razão e o cérebro humano*. Companhia das Letras.

Dixon, M. L., & Christoff, K. (2014). The lateral prefrontal cortex and complex value-based learning and decision making. *Neuroscience and Biobehavioral Reviews, 45*(4), 9-18.

Frank, M. J. (2011). Computational models of motivated action selection in corticostriatal circuits. *Current Opinion in Neurobiology, 21*(3), 381-386.

Glimcher, P. W. (2011). Understanding dopamine and reinforcement learning: The dopamine reward prediction error hypothesis. *Proceedings of the National Academy of Sciences, 108*(Suppl. 3), 15647-15654.

Grabenhorst, F., & Rolls, E. T. (2011). Value, pleasure and choice in the ventral prefrontal cortex. *Trends in Cognitive Sciences, 15*(2), 56-67.

Levy, D. J., & Glimcher, P. W. (2012). The root of all value: A neural common currency for choice. *Current Opinion in Neurobiology, 22*(6), 1027-1038.

Olds, J., & Milner, P. (1954). Positive reinforcement produced by electrical stimulation of septal area and other regions of rat brain. *Journal of Comparative and Physiological Psychology, 47*(6), 419-427.

Rangel, A., Camerer, C., & Montague, P. R. (2008). A framework for studying the neurobiology of value-based decision making. *Nature Reviews. Neuroscience, 9*(7), 545-556.

Rolls, E. T., & Grabenhorst, F. (2008). The orbitofrontal cortex and beyond: From affect to decision-making. *Progress in Neurobiology, 86*(3), 216-244.

van der Meer, M., Kurth-Nelson, Z., & Redish, A. D. (2012). Information processing in decision-making systems. *The Neuroscientist, 18*(4), 342-359.

Vlaev, I., & Darzi, A. (2012). Preferences and their implication for policy, health and well-being. In R. J. Dolan, & Sharot, T. (Eds.), *Neuroscience of preference and choice: Cognitive and neural mechanisms* (p. 305-336). Academic.

CAPÍTULO 9

Abu-Akel, A., & Shamay-Tsoory, S. (2011). Neuroanatomical and neurochemical bases of theory of mind. *Neuropsychologia, 49*(11), 2971-2984.

Bargh, J. A. (2008). Free will is unnatural. In J. Baer, J. C. Kaufman, & R. F. Baumeister (Eds.), *Are We Free?: Psychology and free will* (pp. 128-154). Oxford University.

Baumeister, R. F., Masicampo, E. J., & Vohs, K. D. (2011). Do conscious thoughts cause behavior? *Annual Review of Psychology, 62*, 331-361.

Baumeister, R. F., Masicampo, E. J., & Vohs, K. D. (2014). Conscious thoughts and the causation of behavior. In M. Mikulincer, P. R. Shaver, E. Borgida, & J. A. Bargh (Eds.), *APA handbook of personality and social psychology, Volume 1: Attitudes and social cognition* (Vol. 1, pp. 231-250). APA.

Brass, M., Lynn, M. T., Demanet, J., & Rigoni, D. (2013). Imaging volition: What the brain can tell us about the will. *Experimental Brain Research, 229*(3), 301-312.

Bressler, S. L., & Tognoli, E. (2006). Operational principles of neurocognitive networks. *International Journal of Psychophysiology, 60*(2), 139-148.

Chaminade, T., Kawato, M., & Frith, C. (2011). Individuals' and groups' intentions in the medial prefrontal cortex. *NeuroReport, 22*(16), 814-818.

Dehaene, S. (2014). *Consciousness and the brain: Deciphering how the brain codes our thoughts.* Penguin.

Evans, J. S. B. (2010). *Thinking twice: Two minds in one brain.* Oxford University.

Gazzaniga, M. (2012). *Who's in charge?: Free will and the science of the brain.* Harper Collins.

Gazzaniga, M. S., & LeDoux, J. E. (1978). *The integrated mind.* Plenum.

Libet, B. (1993). The neural time factor in conscious and unconscious events. *Experimental and Theoretical Studies of Consciousness, 174,* 123-146.

Masicampo, E. J., Luebber, F., & Baumeister, R. F. (2020). The influence of conscious thought is best observed over time. *Psychology of Consciousness: Theory Research, and Practice, 7*(1), 87-102.

Michotte, A. (1954). *The perception of causality,* citado em Wegner, D. M. (2002). *The illusion of conscious will.* MIT.

Premack, D., & Woodruff, G. (1978). Does the chimpanzee have a theory of mind? *Behavioral and Brain Sciences, 1*(4), 515-526.

Soon, C. S., Brass, M., Heinze, H.-J., & Haynes, J.-D. (2008). Unconscious determinants of free decisions in the human brain. *Nature Neuroscience, 11*(5), 543-545.

Sporns, O. (2011). *Networks of the brain.* MIT.

Wegner, D. M. (2002). *The illusion of conscious will.* MIT.

CAPÍTULO 10

Cosenza, R. M. (2021). *Neurociência e mindfulness: Meditação, equilíbrio emocional e redução do estresse.* Artmed.

Del Vicario, M., Bessi, A., Zollo, F., Petroni, F., Scala, A., Caldarelli, G., ... Quattrociocchi, W. (2016). The spreading of misinformation online. *Proceedings of the National Academy of Sciences, 113*(3), 554-559.

Grimes, D. R. (2019). *The irrational ape: Why flawed logic puts us all at risk and how critical thinking can save the world.* Simon and Schuster.

Harari, Y. N. (2018). *21 lições para o século 21.* Companhia das Letras.

Johnson, E., & Goldstein, D. (2004). Defaults and donation decisions. *Transplantation*, 78(12), 1713-1716.

Kahneman, D. (2011). *Thinking, fast and slow*. Farrar, Straus and Giroux.

Leary, M. R., Diebels, K. J., Davisson, E. K., Jongman-Sereno, K. P., Isherwood, J. C., Raimi, K. T., ... Hoyle, R. H. (2017). Cognitive and interpersonal features of intellectual humility. *Personality and Social Psychology Bulletin*, 43(6), 793-813.

Marshall, G. (2015). *Don't even think about it: Why our brains are wired to ignore climate change*. Bloomsbury.

Milkman, K. L., Chugh, D., & Bazerman, M. H. (2009). How Can decision making be improved? *Perspectives on Psychological Science*, 4(4), 379-383.

Milkman, K. L., Rogers, T., & Bazerman, M. H. (2008). Harnessing our inner angels and demons: What we have learned about want/should conflicts and how that knowledge can help us reduce short-sighted decision making. *Perspectives on Psychological Science*, 3(4), 324-338.

Ratner, R. K., Soman, D., Zauberman, G., Ariely, D., Carmon, Z., Keller, P. A., ... Wertenbroch, K. (2008). How behavioral decision research can enhance consumer welfare: From freedom of choice to paternalistic intervention. *Marketing Letters*, 19(3), 383-397.

Stanovich, K. (2011). *Rationality and the reflective mind*. Oxford University.

Thaler, R. H., & Sunstein, C. R. (2019). *Nudge: Como tomar melhores decisões sobre saúde, dinheiro e felicidade*. Objetiva.

ÍNDICE

Números de páginas seguidos de *f* se referem a figuras.

A

Alça corporal, 113f
Aplicativos cerebrais, 43-58
    aversão a perdas, 44
    categorização, 48
    cegueira aos vieses, 55
    conformismo, 48
    efeito da aquisição, 44
    grupos, 48
    teoria da perspectiva, 45f
    viés do otimismo, 53
    viés do *status quo*, 44
Aversão a perdas, 44

B

Batalha da força de vontade, 59-68

C

Categorização, 48
Causalidade, 69-89
    viés da causalidade, 80
Cegueira aos vieses, 55
Circuito de recompensa, 102
Circuitos corticoestriados paralelos excitatórios, 106f
Circuitos corticoestriados paralelos inibitórios, 106f
Circuitos do decidir, 99-116

Cognição, dois tipos de, 19-30
Conflito de processamentos, 59-68
    pequena recompensa, 62f
    recompensa maior, 62f
Conformismo, 48
Consequências, 131-140
    algumas consequências, 131
    o que pode ser feito, 134
Corpo estriado, 105f
Córtex cerebral, 105f
Córtex pré-frontal, 101f
Córtex pré-frontal
    dorsolateral, 107f
Córtex pré-frontal medial, 107f

D

Decisões emocionais, 91-98
Dopamina, 102

E

Efeito da aquisição, 44
Emoções, 110
Estímulos emocionais, 111f

F

Falácia da conjunção, 76
Falácia do jogador, 72

G

Grupos, 48

H

Hipótese do marcador somático, 110

I

Ilusão do jogador, 72
Ilusões cognitivas, 31-41
    viés da ancoragem, 35
    viés da disponibilidade, 32
    viés de confirmação, 37
    viés do enquadramento, 33

L

Lapsos cognitivos, 5-17
Lei dos números pequenos, 73
Lógica, 69-89, 83

M

Mente em dobro, 19-30
Múltiplos sistemas de decisão, 112

N

Neuroeconomia, 99-116
    alça corporal, 113f
    circuito de recompensa, 102
    circuitos corticoestriados paralelos
        excitatórios, 106f
    circuitos corticoestriados paralelos
        inibitórios, 106f

corpo estriado, 105f
córtex cerebral, 105f
córtex pré-frontal, 101f
córtex pré-frontal dorsolateral, 107f
córtex pré-frontal medial, 107f
dopamina, 102
emoções, 110
estímulos emocionais, 111f
hipótese do marcador somático, 110
múltiplos sistemas de decisão, 112
o que vale a pena, 100
que ação executar, 107
regiões nodais do circuito de recompensa, 104f
sistema dopaminérgico, 103f
supervisionando o processo, 108
tálamo, 105f

P

Probabilidade, 69-89, 70
  falácia da conjunção, 76
  falácia do jogador, 72
  ilusão do jogador, 72
  lei dos números pequenos, 73
  probabilidade condicional, 78
  regressão à média, 74
  teoria de Bayes, 78
Probabilidade condicional, 78
Processamentos consciente e não consciente, 117-130

corpo caloso, 120f
  experimento de Gazzaniga, 120f
Processamentos não consciente e consciente, 117-130

R

Regiões nodais do circuito de recompensa, 104f
Regressão à média, 74

S

Sistema dopaminérgico, 103f
Supervisionando o processo, 108

T

Tálamo, 105f
Teoria da perspectiva, 45f
Teoria de Bayes, 78

V

Viés da ancoragem, 35
Viés da causalidade, 80
Viés da disponibilidade, 32
Viés de confirmação, 37
Viés do enquadramento, 33
Viés do otimismo, 53
Viés do *status quo*, 44